믿음의 기초

소그룹하우스

소그룹하우스 101 부르심시리즈

믿음의 기초

지은이 | 이상화

초판 1쇄 발행 | 2003년 3월 30일

개정판 1쇄 발행 | 2019년 7월 10일

등 록 | 2001.05.02(제4-423)

등록된 곳 | 서울시 마포구 잔다리로 7길 31 교육관 5층 503호

발행처 | 소그룹하우스

발행인 | 이상화

업무부 | 070-7578-2957

디자인 | 디자인집 (02-521-1474)

총판 | 국제제자훈련원(02-3489-4300)

한권 값 | 3,500원

ISBN 89-91586-20-8
89-91586-23-9 (세트)

목차

Contents

머릿말

'소그룹하우스'의 성경공부시리즈는 소그룹에 참여하는 모든 이들로 하여금 풍성한 교제와 하나님 말씀을 통한 깨달음, 그리고 생명적 공동체로서의 소그룹의 재탄생, 구성원 개개인의 섬김과 복음전파를 향한 헌신의 결단이라는 통전적이고 균형잡힌 소그룹을 이루도록 구성되어 있습니다. 성경공부가 중요하지만 단순히 머리로 하는 공부에 그치지 않도록 구성된 이 교재의 기본 철학을 이해하고 궁극적으로 건강한 교회를 이룩하기 위해 건강한 소그룹을 꿈꾸며 '소그룹하우스' 성경공부시리즈를 적용한다면 큰 효과를 기대할 수 있으리라고 봅니다. 초대교회가 경험했던 깊이 있는 교제와 나눔을 통한 치유와 영적인 역동성이 우리 시대에 다시 회복되기를 소원하는 마음 간절합니다.

본 연구원은 건강한 교회 내의 균형잡힌 소그룹을 일구어 내기 위해 미국의 세렌디피티하우스가 개발하고 있는 소프트웨어와 많은 배려에 도움을 입고 있습니다. 그러나 우리의 사역은 한국 교회의 상황에 적합한 소프트웨어를 개발하기 위해 많은 임상과 연구작업이 함께 병행되는 지난한 과정입니다. 따라서 본 연구원의 사역을 위해 여러 교회와 목회자, 그리고 성도님들의 후원이 있음을 이 지면을 빌어 말씀드리고 싶습니다. 그 동안 끈기 있게 기다리며 후원의 끈을 놓지 않으신 본 연구원의 귀한 후원자들과 임상에 참여해 주신 비전교회 교역자 및 순장님께 다시 한 번 감사를 드립니다.

한국소그룹목회 연구원 대표

이 상 화 목사

교재활용안내

소그룹하우스의 성경공부 교재는 크게 3부분 – 1) 마음열기 2) 말씀나눔 3) 적용과 마무리 – 으로 구성되어 있습니다. 성경공부를 시작하기 전에 이 세 가지에 대한 충분한 이해를 하지 못하고 마치 마음열기를 그냥 게임으로 생각한다든지 말씀나눔 시간을 학문적인 탐구로, 적용과 마무리 시간을 단순히 끝나는 의례로 생각하고 시작한다면 본 교재를 끝낸 후 허탈감을 느낄 수도 있다는 것을 유념하셔야 합니다.

마음열기

마음열기는 모임을 시작하는데 도움을 주는 활동입니다. 마음열기는 곧바로 그 날의 주제에 대한 연구나 토론으로 뛰어들어가는 대신에 모든 사람들이 만남을 준비할 수 있도록 도와주는 것입니다. 마음열기는 사람들이 서로에 대하여 더 깊이 알 수 있도록 도와주는 재미있고 흥미로운 프로그램입니다. 마음열기는 누구나 활기차고 두려움 없이 이야기할 수 있도록 분위기를 돋구어 주는 시간입니다. 마음열기는 사람들이 여러 가지 힘들었던 일들을 잊어버리고 소그룹 안에서 신나는 대화를 시작할 수 있도록 도와주는 것입니다.

여러분이 맺고 있는 관계의 영역을 여러 개의 방으로 된 집과 같다고 상상해 보십시오. 우리는 거의 언제나 그 관계의 영역 가운데 단지 몇 개의 방만 방문할 것입니다. 정보를 나누고, 날씨에 대하여 이야기하고, 무엇을 구입할 것인지 토론하는 등…. 그러나 소그룹 안에서 이루어지는 관계는 그 보다 더 많은 것을 제공할 수 있습니다. 건강한 소그룹은 각 구성원들이 그리스도인의 교제의 자리에 더 많은 것들을 함께 나눌 수 있도록 허락합니다. 여러분의 소그룹은 여러 가지 방들의 문을 활짝 열어 주어야 합니다. 그래서 즐거움, 책임감, 기도, 고백, 격려, 약속, 추억담 그리고 서로의 꿈을 나눌 수 있게 해주어야 합니다.

말씀나눔

소그룹하우스의 성경공부 교재 중 301(심화시리즈)은 성경에 대한 깊은 연구를 할 수 있도록 구성되어 있습니다. 그러나 101(부르심시리즈)과 201(성숙시리즈)에서의 성경연구는 신앙고백과 자신의 삶의 이야기를 많이 나눌 수 있도록 구성되었습니다. 이 교재는 201(성숙시리즈)에 속하는 교재입니다. 201(성숙시리즈)은 그룹의 생명주기 중 성장기에 해당합니다. 탄생기에서는 마음열기의 비중이 높고 상대적으로 말씀나눔의 비중이 적었지만 성장기에서는 말씀나눔 비중이 탄생기보다 더 높아야 합니다(부록 : TALK전략 참조). 이 교재는 이러한 시스템에 맞추어 구성되어 있습니다.

적용과 마무리

잘 시작하는 것이 중요하다면 잘 마치는 것 또한 똑같이 중요합니다. 적용과 마무리는 그룹이 자신들의 모임을 함께 평가하면서 마무리하는 활동들입니다. 이것은 영적인 활동입니다. 대부분의 사람들은 낯선 모임 속에 들어와서 곧바로 자신들의 영적인 삶에 대해 마음열고 이야기할 수 없습니다. 모임이 가장 솔직하고 가장 정직해질 수 있는 시간은 끝마칠 때의 기도시간입니다. 서로에 대하여 약속하는 연습, 활동을 계획하는 일들, 그리고 성구 나누는 것도 역시 효과적인 마무리 활동들입니다. 각 과에 적용과 마무리를 위한 유용한 도구들이 나와 있습니다.

우리가 각 교회에서 여태껏 해 왔던 방식의 성경연구와 토론만으로는 소그룹이 서로를 신뢰하고 친밀감을 느끼는 곳에 안착한다고 보장할 수 없습니다. 안전한 그리스도인 공동체를 세우는 일은 힘있는 체험이지만 매우 민감한 과정입니다. 적절한 마음열기와 마무리 도구를 활용함으로 소그룹은 기도하고, 함께 울고 웃으며, 고백하고, 격려하며, 성경을 자신들의 삶에 적용하는 특별한 교제의 장이 될 것입니다.

제1과

겉과 속

겸손한 사람은 하나님께 인정을 받지만

자신을 자랑하는 사람은 낮아지게 될 것이다.

01

제1과

겉과 속

마음열기

! **진행안내** 마음열기를 진행하는 방법은 세 가지가 있습니다. 첫째, 두 사람씩 짝을 이루게 한 후 짝이 된 사람과 함께 세 가지의 문제를 푸는 방법입니다. 둘째, 모두 함께 하되 아래의 문제 중 한 가지만 골라서 하는 방법입니다. 셋째, 모두 함께 세 가지 문제를 다 푸는 방법입니다. 인도자는 1단계(부르심)에서는 마음열기를 통해 서로를 잘 알아가는 것이 가장 중요하다는 점을 인식하고 허락된 시간에 마음열기와 말씀나눔과 마무리와 적용을 마칠 수 있도록 시간 안배를 잘 하여야 합니다.

1. 나의 여정

지도 위에 당신이 태어난 곳에서 지금까지 이동한 경로를 그려보십시오. 다 그린 후에는 순서대로 돌아가면서 당신에게 가장 행복했던 곳, 의미가 있었던 곳 또는 가장 마음 아픈 기억이 있는 곳이 어디인지 말해 주십시오. 그리고 왜 그 지역이 그렇게 특별한지 함께 한 이들에게 설명해 주십시오.

2. 나는 이런 사람

아래의 항목에서 5가지만 골라서 발표해 보십시오.

난 이런 사람이다.

□ 칭찬을 받으면 얼굴이 빨개진다

□ 나무나 화초에게 이야기를 한다

□ 007미팅에 나간다

□ 잠깐만 시간이 나도 잠을 잔다

□ 찜질방에 가는 것을 좋아한다

□ 낯선 사람에게 망설임 없이 길을 묻는다

□ 샤워를 하면서 노래를 부른다

□ 혼자 여행하기를 즐긴다

□ 지퍼가 열린 사람에게 그 사실을 알려준다

□ 신문의 경제면을 꼼꼼히 읽는다

□ 국을 훌훌 소리내어 마신다

□ 어려울 때를 대비해서 저축을 한다

□ 음악을 들을 때 볼륨을 최대로 한다

□ 자신의 나이를 속인다

□ 춤추기를 좋아한다

□ 심판에게 큰 소리로 항의한다

□ 영화를 보면서 눈물을 흘린다

□ 자신의 자동차를 직접 정비한다

□ 꽃향기를 맡기 위해 걸음을 멈춘다

□ 테니스를 즐긴다

□ 낮잠을 자면서 꿈을 꾼다

□ 공포영화를 보면서 눈을 감는다

□ 성에 관한 이야기가 나오면 대화를 피한다

□ 수박을 주먹으로 깨뜨린다

□ 신문에 개인적인 광고를 낸 적이 있다

□ 자녀에 대한 걱정거리가 있다

□ 첫 데이트라도 마음에 들면 손을 잡는다

□ 매일 아침 해야 할 일의 목록을 만든다

□ 간이 화장실은 이용하지 않는다

□ 게임 할 때 속임수를 쓴다

□ 천둥번개 치는 것을 좋아한다

□ 휴가는 집에서 보낸다

□ 연애소설을 즐겨 읽는다

□ 편지를 주고받는 친구가 있다

□ 낱말 맞추기 퍼즐을 좋아한다

□ 곰 인형을 끌어안고 잔다

□ 쉽게 사랑에 빠진다

□ 수술을 받은 적이 한 번도 없다

□ 고소공포증이 있다

□ 죽은 후 화장해 달라고 유언할 것이다

□ 번지점프를 즐긴다

□ 기타

말씀나눔

진행안내 '말씀나눔'을 더욱 효과적으로 하기 위해서는 4명 정도가 적절합니다. 그래서 조원이 너무 많을 경우 '말씀나눔' 시간에 인원수를 적절히 조정하여 진행하시기를 부탁드립니다. 소그룹하우스의 성경공부 교재는 예, 아니오의 답이나 성경구절을 찾아 답을 써넣는 식의 폐쇄형 질문은 가능한 배제하고 있습니다.

제목

누가복음 18:9~14

개역성경

9또 자기를 의롭다고 믿고 다른 사람을 멸시하는 자들에게 이 비유로 말씀하시되 10두사람이 기도하러 성
전에 올라가니 하나는 바리새인이요 하나는 세리라 11바리새인은 서서 따로 기도하여 가로되 하나님이여
나는 다른 사람들 곧 토색, 불의, 간음을 하는 자들과 같지 아니하고 이 세리와도 같지 아니함을 감사하
나이다 12나는 이레에 두 번씩 금식하고 또 소득의 십일조를 드리나이다 하고 13세리는 멀리서서 감히 눈

을 들어 하늘을 우러러보지도 못하고 다만 가슴을 치며 가로되 하나님이여 불쌍히 여기옵소서 나는 죄인이로소이다 하였느니라 14내가 너희에게 이르노니 이 사람이 저보다 의롭다 하심을 받고 집에 내려갔느니라 무릇 자기를 높이는 자는 낮아지고 자기를 낮추는 자는 높아지리라 하시니라

함께 찬양

• 좋으신 하나님 좋으신 하나님 참 좋으신 나의 하나님

찬양을 부르실때는 주위의 다른 모임에 방해되지 않도록 하는 것이 좋겠습니다.

도입

예수님은 기도하러 성전에 올라간 두 사람에 대한 비유를 말씀해 주고 계신다. 한 사람은 바리새인이었고 또 한 사람은 세리였다. 유대교의 지도자였던 바리새인은 서서 기도하여 말하기를 자기가 세리와 같은 사람들과 같지 않게 해 주신 것에 대하여 감사하다고 했다. 그는 자신이 얼마나 고결한 헌금생활과 금욕적인 생활을 하고 있는지에 대하여 하나님께 장황하게 늘어놓았다. 그러나 멀찍이 떨어져 있었던 세리는 하나님께 너무나 송구하여 감히 눈을 들어 하늘을 바라보지도 못하고 그의 가슴을 치며 하나님께 자신의 죄를 용서해 달라고 간구했다. 예수님께서는 모여있는 사람들에게 세리는 하나님께 의롭다 여김을 받고 돌아갔지만 바리새인은 의롭다 함을 받지 못했다고 말씀해 주셨다. 겸손한 사람은 하나님께 높임을 받지만 자신을 자랑하는 사람은 낮아지게 될 것이다. 이 비유에서는 하나님 앞에서 겸손한 사람과 교만한 사람이 극명하게 대비되고 있다.

1. 위의 성경말씀에 나오는 바리새인에 대한 당신의 느낌을 말해 보십시오.

■ 종교적인 모습이 너무나 외적으로 많이 풍기고 늘 자기는 의로운 것처럼 행동하는 것을 보니 밥맛이 없다.

- 고결하게 보이기 위해 나름대로 열심히 노력한 것 같아서 동정이 된다. 가만히 만 있었어도 70점은 맞았을 텐데… 하는 아쉬움이 든다.
- 노골적으로 잘난 척을 하는 것만 다를 뿐 실상 내 맘속에도 그런 생각이 있어서 찔림이 된다.
- 자신이 부족한 사람이라는 것을 모르는 사람은 아무리 가진 게 많아도 어리석은 사람일 뿐이다. 이것은 교회를 안 다니는 사람들도 다 그렇게 느낀다.
- 기타

2. 당신은 세리와 같이 자기 주제파악을 나름대로 하고 있는 사람을 보면 어떤 느낌을 가지게 됩니까? 그 사람과 함께 소그룹활동을 한다면 그 사람에 대한 당신의 마음은 어떠리라고 생각하십니까?

3. 당신 자신이 가장 작게 느껴지는 영역은 무엇입니까? 한 가지를 고른 후 그렇게 느껴질 때 스스로에게 어떻게 반응하는지 나누어 보십시오.

- 학벌
- 외모
- 건강
- 운동
- 의지력
- 협동심
- 영적헌신
- 믿음
- 도덕성
- 기타

4. 본문의 말씀속에 등장하는 바리새인과 세리를 보면서 지금 나의 마음을 가장 정직하게 보여주고 있는 것을 아래에서 골라보십시오.

- 그냥 교회에 한번 나와본 것뿐이라서 두 사람과 나와는 별 상관이 없는 것처럼 느껴진다.
- 하나님이 인정하시는 사람이 어떤 사람인지를 처음 알게 되었다. 교회에 나오기 전에는 전혀 몰랐던 사실이다. 앞으로 하나님에 대해서 더욱 잘 알고 싶다.
- 과거에는 죄 때문에 많이 고민했고 말씀대로 살려고 부단히 노력했지만 지금은 죄와 많이 타협하고 산다. 죄의식도 그렇게 많이 느끼지 않는다.
- 나는 아직 죄에서 온전하게 벗어나지 못했지만 나 스스로 죄인인 것을 알고 힘들어하고 있다.
- 나는 내가 의롭다고 주장하긴 어렵지만 그렇다고 내가 그렇게 심각하게 죄인이라 느껴지지는 않는다.
- 세리의 심정이 지금 나의 심정이다.
- 나는 내가 죄인인 것을 회개했고 나의 죄에 대하여 책임을 지고 있다.
- 나는 항상 하나님이 보시는 것처럼 나 자신을 보려고 노력하고 있다.
- 기타

5. 당신은 지금 함께 하는 그룹의 구성원이 된 것에 대해 어떻게 생각하십니까?
   - 잘 모르겠다. 계속 나와야 할 지 고민중이다.
   - 잘 모르겠지만 느낌은 좋다.
   - 내가 원하는 어떤 조건만 충족 되다면 좋을 것 같다.
     그것은 ______________________________
   - 일단 아무 말하고 싶지 않다.
   - 성경말씀을 잘 배우고 싶다.
   - 기타

잠깐 쉬어 갑니다

한 부자가 국외여행을 가게 되었다. 그래서 이미 계획했던 새 집 짓는 일을 평소에 아끼며 사랑하는 가까운 친척에게 맡겼다.

"비용은 개념치 말고 값진 재료로 좋은 집을 지어주세요." 건축업자인 이 친척은 기뻐하며 최선을 다하겠노라고 약속했다. 이 업자는 처음에는 자기를 믿고 모든 것을 다 맡긴 그분의 마음을 고마워하며 일을 시작했다. 그런데 하루하루 지나며 딴 생각이 났다. 집이란 겉에 나타나 보이는 부분이 있고 보이지 않는 내부가 있게 마련이다. 그래서 보이지 않는 곳에 쓰이는 재료는 가능한한 값이 싼 물건을 사서 공사를 진행하고 눈에 잘 띄는 부분엔 그 분 부탁대로 고급 재료를 썼다. 물론 주인에게 건네줄 청구서에는 모두 값진 재료를 사용한 액수를 적었다.

예정보다 늦게 주인이 돌아왔다. 업자와 함께 새 집을 찾아갔다. 이곳저곳을 돌아본 주인은 무척 대견해하면서 그 동안의 수고를 칭찬하며 만족스런 표정으로 "이 집은 그대가 사는 집이 될 것이오. 그대가 지었으니 마음에 드시리라고 믿소." 손에 들고 있던 그 집 열쇠를 건네주었다. "이럴 줄 알았으면 안 보이는 부분도 좋은 재료를 쓰는 건데…." 그러나 이미 후회하기에는 늦었다.

어쩌면 바리새인이 바로 이와 같은 건축업자의 모습과 비슷하다는 생각이 든다. 그들의 경건은 겉과 속이 다른 경건이다. 그들이 정직하게 자신의 내면을 바라보았다면 겸손하게 "나는 죄인입니다." 라고 고백하지 않을 수 없었을 것이다.

적용과 마무리

[!] **진행안내** 아래 질문에 대하여 한 사람씩 돌아가면서 나누시면서 각 사람은 이 대화로부터 기도제목을 발견하고 교재 한 편에 기록하십시오. 대화 후에 인도자는 한 사람씩 돌아가면서 짧은 문장으로 기도하게 하거나 인도자가 모두 정리하여 기도하신 후 마치시기 바랍니다. 인도자는 모임을 종료하기 전에 조원들의 연락처와 주소 등을 서로 주고받을 수 있도록 하십시오.

1. 당신이 이 모임에서 소망하는 것은 무엇입니까? (성경공부 모임과 관련하여도 좋고, 개인의 삶과 관련하여도 좋습니다.)

2. 어떻게 해야 우리가 하나님 앞에서 겸손해 질 수 있을까요? 다른 사람에게 그 방법을 한가지씩 제안해 주십시오.

제2과

알지 못하는 신에게 고(告)함

헌신과 숭배를 감당할 수 없는 어떤 무기력한 대상에게 절하고

그것을 높이는 것이 우상숭배이다.

이런 일은 종교심에서 비롯된 것이다.

02

제2과

알지 못하는 신에게 고(告)함

마음열기

진행안내 마음열기를 진행하는 방법은 세 가지가 있습니다. 첫째, 두 사람씩 짝을 이루게 한 후 짝이 된 사람과 함께 세 가지의 문제를 푸는 방법입니다. 둘째, 모두 함께 하되 아래의 문제 중 한 가지만 골라서 하는 방법입니다. 셋째, 모두 함께 세 가지 문제를 다 푸는 방법입니다. 인도자는 1단계(부르심)에서는 마음열기를 통해 서로를 잘 알아가는 것이 가장 중요하다는 점을 인식하고 허락된 시간에 마음열기와 말씀나눔과 마무리와 적용을 마칠 수 있도록 시간 안배를 잘 하여야 합니다.

1. 당신이 보낸 지난 한 주를 커피에 비교한다면 어떤 커피였을까요? 왜 그런 커피를 선택했는지 말씀해 주십시오.

   ■ 평범한 자판기 커피　　■ 향긋한 헤즐넛 커피

■ 연인같은 카푸치노 커피 ■ 시원한 냉커피

■ 식은 커피 ■ 씁쓸한 블랙 커피

■ 짬뽕맛 커피 ■ 기타

2. 축구경기에서 당신을 가장 잘 표현해 주는 위치는 무엇입니까?

- ■ 감독 : 늘 생각하며 작전을 세우고 지도하는 사람
- ■ 공격수 : 활동적인 리더
- ■ 수비수 : 자기 자리를 잘 지키는 사람
- ■ 골키퍼 : 늘 긴장하고 깨어있는 사람
- ■ 후보선수 : 실전에 들어가면 아무 것도 못하고 마음만 졸이는 자(벤치워머)
- ■ 관중 : 제 3의 입장에서 구경하는 사람

3. 오늘의 당신 모습을 잘 살펴보십시오. 당신의 옷, 신발, 가방 등을 택한 이유를 생각하면서 이 모임에 임하는 당신의 마음가짐을 설명해 보십시오.

말씀나눔

진행안내 '말씀나눔'을 더욱 효과적으로 하기 위해서는 4명 정도가 적절합니다. 그래서 조원이 너무 많을 경우 '말씀나눔' 시간에 인원수를 적절히 조정하여 진행하시기를 부탁드립니다. 소그룹하우스의 성경공부 교재는 예, 아니오의 답이나 성경구절을 찾아 답을 써넣는 식의 폐쇄형 질문은 가능한 배제하고 있습니다.

제목

사도행전 17:16-34

개역성경

17바울이 아덴에서 저희를 기다리다가 온 성에 우상이 가득한 것을 보고 마음에 분하여 회당에서는 유대
인과 경건한 사람들과 또 저자에서는 날마다 만나는 사람들과 변론하니 18어떤 에비구레오와 스도이고
철학자들도 바울과 쟁론할새 혹은 이르되 이 말장이가 무슨 말을 하고자 하느뇨 하고 혹은 이르되 이방
신들을 전하는 사람인가보다 하니 이는 바울이 예수와 또 몸의 부활 전함을 인함이러라 19붙들어 가지고
아레오바고로 가며 말하기를 우리가 너의 말하는 이 새 교가 무엇인지 알 수 있겠느냐 20네가 무슨 이상
한 것을 우리 귀에 들려주니 그 무슨 뜻인지 알고자 하노라 하니 21모든 아덴 사람과 거기서 나그네된 외
국인들이 가장 새로 되는 것을 말하고 듣는 이외에 달리는 시간을 쓰지 않음이더라 22바울이 아레오바고
가운데 서서 말하되 아덴 사람들아 너희를 보니 범사에 종교성이 많도다 23내가 두루 다니며 너희의 위
하는 것들을 보다가 알지 못하는 신에게라고 새긴 단도 보았으니 그런즉 너희가 알지 못하고 위하는 그
것을 내가 너희에게 알게 하리라 24우주와 그 가운데 있는 만유를 지으신 신께서는 천지의 주재시니 손
으로 지은 전에 계시지 아니하시고 25또 무엇이 부족한 것처럼 사람의 손으로 섬김을 받으시는 것이 아
니니 이는 만민에게 생명과 호흡과 만물을 친히 주시는 자이심이라 26인류의 모든 족속을 한 혈통으로
만드사 온 땅에 거하게 하시고 저희의 연대를 정하시며 거주의 경계를 한하셨으니 27이는 사람으로 하나
님을 혹 더듬어 찾아 발견케 하려 하심이로되 그는 우리 각 사람에게서 멀리 떠나 계시지 아니하도다 28
우리가 그를 힘입어 살며 기동하며 있느니라 너희 시인 중에도 어떤 사람들의 말과 같이 우리가 그의 소
생이라 하니 29이와 같이 신의소생이 되었은즉 신을 금이나 은이나 돌에다 사람의 기술과 고안으로 새긴
것들과 같이 여길 것이 아니니라 30알지 못하던 시대에는 하나님이 허물치 아니하셨거니와 이제는 어디
든지 사람을 다 명하사 회개하라 하셨으니 31이는 정하신 사람으로 하여금 천하를 공의로 심판할 날을 작
정하시고 이에 저를 죽은 자 가운데서 다시 살리신 것으로 모든 사람에게 믿을만한 증거를 주셨음이니
라 하니라 32저희가 죽은 자의 부활을 듣고 혹은 기롱도하고 혹은 이 일에 대하여 네 말을 다시 듣겠다
하니 33이에 바울이 저희 가운데서 떠나매 34몇 사람이 그를 친하여 믿으니 그 중 아레오바고 관원 디오
누시오와 다마리라 하는 여자와 또 다른 사람들도 있었더라

함께 찬양

• 우리에게 향하신 여호와의 인자하심이 크고 크도다 크시도다

찬양을 부르실 때는 주위의 다른 모임에 방해되지 않도록 하는 것이 좋겠습니다.

도입

이 사건은 그리스도인들과 비그리스도인들이 가진 사고방식의 차이를 드러내 주고 있다. 바울은 아덴(아테네) 사람들과 다른 외국인들이 가지고 있는 종교적인 관심에 초점을 맞추고 있다. 바울은 그들을 가리켜 "범사에 종교성이 많도다"라고 표현하고있다. 이 "종교성"이라는 단어에는 미신적이라는 의미가 포함되어 있다. 바울은 여러 곳을 다니면서 아덴 사람들이 소중하게 여기는 것들을 보다가 그들이 이해하고 있는 신(神)과 복음 사이에 어떤 연관성을 찾아냈다. 그래서 바울은 아덴 사람들에게 사람에게 의존하는 신과 모든 인생의 근원이 되시는 하나님과의 차이를 설명해 주었다. 바울은 그들이 믿는 신은 알지 못하는 신이지만 하나님은 모든 인생에게 생명과 호흡을 주시는 분이시기 때문에 하나님을 금이나 은이나 돌에 새긴 것(우상)들과 같이 여길 수 없다는 것을 분명하게 선포했다.

1. 바울은 아덴(아테네) 사람들을 가리켜 범사에 종교성(미신적인 요소)이 많은 사람들이라고 했습니다. 당신이 생각하기에 아덴 사람들처럼 종교성을 많이 가진 사람의 특징이 무엇인지 말해 보십시오.

- 죽음이후의 세계에 대하여 관심이 많다.
- 종교의식을 매우 좋아한다.
- 장엄한 음악이나 장엄한 분위기에 쉽게 압도당하는 경향이 있다.
- 문지방에 앉으면 복이 없고, 상모퉁이에 앉으면 복이 없다는 등등의 말을 끊임

없이 한다.

- 귀신의 존재에 대하여 부정하지 못한다.
- 위기를 당하면 하나님을 찾는다.
- 반지나 어떤 상징물이 자신을 지켜 준다고 믿는다.
- 기타

2. 당신은 스스로 평가하기에 종교성이 많은 사람이라고 느껴집니까? 아니면 전혀 종교성이 없는 사람이라고 느껴집니까? 아래 항목들에 대한 자신의 지수를 표시해 보십시오. 그리고 나타난 지수에 대하여 그 이유를 나누어 주십시오.

- 죽음 이후의 세계에 대한 관심

매우 적음 ⟵ ⟶ 매우 많음

1 2 3 4 5 6 7 8 9 10

- 종교의식, 음악, 분위기에 대한 반응

매우 무딤 ⟵ ⟶ 매우 민감함

1 2 3 4 5 6 7 8 9 10

- 위기를 당할 때 절대자를 의지하고 싶은 마음

매우 적음 ⟵ ⟶ 매우 많음

1 2 3 4 5 6 7 8 9 10

3. 당신이 오늘 이 자리까지 있게된 당신의 신앙여정을 간략히 말해 주십시오.

예) 1. 처음 교회에 나올 때 어떤 이유로 교회를 나오게 되었나?

2. 기독교 신앙을 갖는데 가장 장애가 되었던 것이나 장애가 되고 있는 것은?

4. 바울이 아덴 사람들에게 전한 하나님에 대한 설명 중에서 가장 마음에 와 닿는 말을 골라서 그 이유를 나누어 보십시오.

- 만민에게 생명과 호흡과 만물을 친히 주시는 자
- 우주와 그 가운데 있는 모든 것을 지으신 분
- 무엇이 부족한 것처럼 사람에게 섬김을 받는 분이 아님
- 인류의 모든 족속을 한 혈통으로 만들고 온 땅에 거하게 하시고 저희의 연대와 거주의 경계를 한정하신 분
- 우리 각 사람에게서 멀리 떠나 계시지 아니하시는 분
- 우리에게 힘을 공급해 주시고 그 힘으로 살아갈 수 있게 해 주시는 분
- 나를 만드신 분(우리가 그의 소생이라)
- 없음

5. 어떤 사람은 죽은 자가 부활한다는 것에 대하여 조롱을 합니다. 당신은 죽은 자가 부활한다는 것에 대하여 깊이 생각해 본 적이 있습니까? 함께 나누어 보십시오.

6. 사람들의 종교성은 옛시대는 우상을 만드는 것으로 드러났지만 현대에서는 다른 방식으로 드러나고 있습니다. 당신이 생각하기에 현대인에게 우상처럼 숭배되고 있는 것은 무엇이라고 생각됩니까? 아래에서 한 가지를 골라 왜 그것이 우상으로까지 숭배되고 있다고 느껴지는지 나누어주십시오.

- 성
- 재물
- 가족
- 스포츠
- 지식
- 권력
- 오락
- 도박

- 인맥 - 과학 - 연예스타 - 술, 담배
- 기타

7. 아덴 사람들은 바울이 전하는 말씀을 자세히 듣고 자신들의 우상을 버리고 하나님을 믿게 되었습니다. 아덴 사람들이 바울이 말하는 것을 잘 들음으로써 우상을 버리게 되었다면 우리도 바울처럼 하나님의 말씀을 전하는 사람의 말을 잘 들을 때 우상에서 벗어날 수 있을 것입니다. 하나님의 말씀을 잘 듣는 방법에는 여러 가지가 있습니다. 당신이 가장 선호하는 방법 한 가지와 새롭게 개발해 보고 싶은 방법 한 가지를 골라주십시오.
   - 교회의 공식적인 예배와 집회에 참석해서 설교를 열심히 듣는 방법
   - 특별집회나 부흥회에 참석해서 설교를 열심히 듣는 방법
   - 유명한 목회자의 설교집을 읽거나 설교테이프를 듣는 방법
   - 성경을 잘 풀어 설명한 도서를 읽는 방법
   - 소그룹 성경공부를 통해 신실한 사람들과 삶을 나누고, 서로의 말을 경청하는 방법
   - 기타

잠깐 쉬어 갑니다

한번은 사제이자 작가인 헨리 누웬과 담화를 나눈 적이 있다. 그는 방금 샌프란시스코에서 돌아온 길이었다. 거기서 헨리는 에이즈 환자를 돌보는 여러 형태의 사역 현장들을 방문한 뒤, 그들의 혼잡한 성생활에 대한 불행한 이야기를 듣고 측은히 여기는 마음이 되어 이렇게 말했다. "그들은 정말 지독하게 사랑하기를 원하고 있습니다. 그것이 문자 그대로 그들을 죽이고 있는 셈입니다."

갈수록 뚜렷하게 이 성 문란이 내게는 전형적인 우상숭배의 형태로 보인다. 즉 한 영혼의 헌신과 숭배를 감당할 수 없는 어떤 대상에게 절하고 헌신하는 우상숭배가 성 문란이라는 현대적 변형으로 비쳐지는 것이다. 하나님께서 우상숭배 때문에 이스라엘 백성들을 꾸짖으실 때, 무언가를 숭배하고자 하는 그들의 갈증 자체를 정죄하신 것은 아니었다. 또 그들로 하여금 우상에게로 달려가게 만들었던 더욱 간접적인 충동, 예컨대 풍요라든지 좋은 날씨나 군사적 안전같은 것을 향한 갈망 자체를 정죄하신 것도 아니었다. 그 보다는 이런 것들을 하나님 자신이 아닌 나무나 돌로 만든 감각 없는 헛껍데기들에게서 구하려는 태도를 정죄하신 것이다.

구약성경이 우상숭배라고 부르는 것을 오늘날 계몽된 서구인들은 중독증이라 부른다. 중독되는 대상들은 종종 좋은 것들일 수도 있다. 예컨대 성(性)이나 음식, 일, 초콜릿 같은 것들은 그 자체만으로는 문제될 것이 없다. 그러나 이 좋은 것들이 마땅히 차지해야 할 본연의 위치를 넘어서서 한 사람의 인생 전체를 좌지우지하는 자리에 앉을 때 그것이 우상숭배로 둔갑한다.

필립얀시/「뜻밖의 장소에서 만난 하나님」중에서

적용과 마무리

진행안내 따뜻한 마무리는 아무리 강조해도 지나치지 않습니다. 다음 시간 다시 만날 때까지 서로를 위해 기도하고 승리하는 삶이 되도록 격려해 주는 시간이 되기를 바랍니다.

1. 이번 주 중에 하나님의 말씀을 잘 들을 수 있는 계획을 한 가지씩 세워 보십시오.

2. (　　)안을 메꾸어 각 사람이 짧게 기도하십시오. 그리고 마지막에 기도하시는 분이 '예수님의 이름으로 기도합니다' 로 마치시기 바랍니다.

"우주와 그 가운데 있는 만유를 지으신 천지의 주재이신 하나님을 모시고 살기 위해 나의 생각과 삶을 점령하고 있는 (   )을 버릴 수 있도록 하나님 도와 주십시오."

제3과

돌아온 아들

하나님의 최대 관심은 하나님을 떠나 죄 가운데 빠져 고통하는 탕자들이

하나님 아버지 품으로 돌아오는데 있다.

03

제3과

돌아온 아들

마음열기

진행안내 마음열기를 진행하는 방법은 세 가지가 있습니다. 첫째, 두 사람씩 짝을 이루게 한 후 짝이 된 사람과 함께 세 가지의 문제를 푸는 방법입니다. 둘째, 모두 함께 하되 아래의 문제중 한 가지만 골라서 하는 방법입니다. 셋째, 모두 함께 세 가지 문제를 다 푸는 방법입니다. 인도자는 1단계(부르심)에서는 마음열기를 통해 서로를 잘 알아 가는 것이 가장 중요하다는 점을 인식하고 허락된 시간에 마음열기와 말씀나눔과 마무리와 적용을 마칠 수 있도록 시간안배를 잘 하여야 합니다.

1. 아래의 문장들 중 한 가지를 마음속으로 정한 후, 한사람씩 구성원들을 향해 자기가 정한 문장내용을 말없이 표정이나 몸짓으로만 전달해 보십시오. 그리고 나머지 구성원들은 그가 말하려는 것을 추측해서 맞추어 보시기 바랍니다. 모두 진행 한

후 자신이 표현한 것에 대해 각자가 왜 그렇게 표현했는지 나누어 보십시오.

- 나는 지루해
- 나는 너무 재미있어
- 나는 창피해
- 나는 재미없어
- 나는 네가 바보라고 생각해
- 나는 포기했어
- 나는 고집이 세
- 나는 충격받았어
- 나는 바빠
- 나는 화가 났어
- 나는 소심해
- 나는 미안해
- 나는 다쳤어
- 나는 잘났어
- 나는 너를 믿을 수 없어
- 나는 가슴이 아파
- 나는 혼란스러워
- 나는 지쳤어

2. 지금까지 살아오는 동안 당신이 들은 조언 가운데 가장 중요한 것이라고 느껴지는 것은 어떤 것인가요?

3. 이번 주에 자신이 만난 사람 가운데(가족 포함) 자신에게 가장 좋은 인상을 남긴 사람이 누구인지와 그 이유를 나누어 주십시오.

말씀나눔

진행안내 말씀나눔 시간을 위해서는 준비된 마음이 필요합니다. 예습을 하고 참석하면 그것보다 더 좋은 준비는 없을 것입니다. 여건이 잘 안 된다면 한 주간동안 틈틈이 본문을 여러 번 묵상하여 오는 것도 좋은 준비가 될 수 있습니다. 풍성한 나눔을 갖기 위해서는 다른 사람의 생각이나 주장을 긍정적으로 듣고 전적으로 수용해 주려는 마음자세가 필요합니다. 깊은 나눔을 원하신다면 숫자를 조정해서 말씀나눔 시간을 가질 수 있게 배려해 주십시오.

제목

누가복음 15:11-32

개역성경

11또 가라사대 어떤 사람이 두 아들이 있는데 12그 둘째가 아비에게 말하되 아버지여 재산 중에서 내게 돌
아올 분깃을 내게 주소서 하는지라 아비가 그 살림을 각각 나눠 주었더니 13그 후 며칠이 못되어 둘째 아
들이 재산을 다 모아가지고 먼 나라에 가 거기서 허랑방탕하여 그 재산을 허비하더니 14다 없이한 후 그
나라에 크게 흉년이 들어 저가 비로소 궁핍한지라 15가서 그 나라 백성 중 하나에게 붙여 사니 그가 저를
들로 보내어 돼지를 치게 하였는데 16저가 돼지 먹는 쥐엄 열매로 배를 채우고자 하되 주는 자가 없는지
라 17이에 스스로 돌이켜 가로되 내 아버지에게는 양식이 풍족한 품군이 얼마나 많은고 나는 여기서 주려
죽는구나 18내가 일어나 아버지께 가서 이르기를 아버지여 내가 하늘과 아버지께 죄를 얻었사오니 19지금
부터는 아버지의 아들이라 일컬음을 감당치 못하겠나이다 나를 품군의 하나로 보소서 하리라 하고 20이
에 일어나서 아버지께 돌아가니라 아직도 상거가 먼데 아버지가 저를 보고 측은히 여겨 달려가 목을 안
고 입을 맞추니 21아들이 가로되 아버지여 내가 하늘과 아버지께 죄를 얻었사오니 지금부터는 아버지의
아들이라 일컬음을 감당치 못하겠나이다 하나 22아버지는 종들에게 이르되 제일 좋은 옷을 내어다가 입
히고 손에 가락지를 끼우고 발에 신을 신기라 23그리고 살진 송아지를 끌어다가 잡으라 우리가 먹고 즐
기자 24이 내 아들은 죽었다가 다시 살아났으며 내가 잃었다가 다시 얻었노라 하니 저희가 즐거워하더라
25맏아들은 밭에 있다가 돌아와 집에 가까웠을 때에 풍류와 춤추는 소리를 듣고 26한 종을 불러 이 무슨
일인가 물은대 27대답하되 당신의 동생이 돌아왔으매 당신의 아버지가 그의 건강한 몸을 다시 맞아 들이

게 됨을 인하여 살진 송아지를 잡았나이다 하니 [28]저가 노하여 들어가기를 즐겨 아니하거늘 아버지가 나와서 권한대 [29]아버지께 대답하여 가로되 내가 여러 해 아버지를 섬겨 명을 어김이 없거늘 내게는 염소 새끼라도 주어 나와 내 벗으로 즐기게 하신 일이 없더니 [30]아버지의 살림을 창기와 함께 먹어 버린 이 아들이 돌아오매 이를 위하여 살진 송아지를 잡으셨나이다 [31]아버지가 이르되 얘 너는 항상 나와 함께 있으니 내 것이 다 네 것이로되 [32]이 네 동생은 죽었다가 살았으며 내가 잃었다가 얻었기로 우리가 즐거워하고 기뻐하는 것이 마땅하다 하니라

함께 찬양

- 탕자처럼 방황 할 때도 애타게 기다리는 부드런 주님의 음성이 내 맘을 녹이셨네. 오주님 나 이제 갑니다. 날받아 주소서. 이제는 주님만 위하여 이 몸을 바치리다

찬양을 부르실 때는 주위의 다른 모임에 방해되지 않도록 하는 것이 좋겠습니다.

도입

본문의 이야기는 두 아들과 그 두 아들에 대한 아버지의 사랑에 관한 이야기이다. 작은 아들은 아버지가 살아 계시는데도 불구하고 자신 몫의 유산을 달라고 하는 무례한 요청을 했다. 그는 고향을 떠남으로써 가족과 연결된 모든 관계를 끊어버렸다. 작은아들은 방탕한 생활로 유산으로 받아온 재산을 모두 탕진해 버리고 아주 비천한 사람으로 전락해 버리고 말았다. 그는 너무나 가난해진 나머지 더러운 돼지를 치는 일을 하게 되었다. 가난과 고생으로 지친 아들은 다시 아버지께로 돌아가야겠다는 결심을 하고 집으로 향하게 되었다. 아들이 예상했던 것과는 달리 오랫동안 아들을 기다려온 아버지는 그렇게 돌아온 아들을 기쁘게 맞아 주었고 그를 위해 잔치까지 열어 주었다.

하나님의 최대 관심은 하나님을 떠나 죄 가운데 빠져 허덕이는 탕자들이 하나님 아

버지의 품으로 돌아오는데 있다. 그것이 집나간 자식을 애타게 기다리시는 하나님 아버지의 마음이다. 하나님의 소원은 아들이 아버지 품으로 돌아오는 것이다.

1. 당신이 작은 아들이었다면 그가 왜 집을 떠나기로 결심했을 거라고 생각하십니까?
   - 마음대로 살아보고 싶어서
   - 초고속으로 성공해 보고 싶어서
   - 아버지로부터 자유로워지고 싶어서
   - 형을 보고 싶지 않아서

2. 만일 당신이 작은 아들의 아버지라면 이 아들에 대하여 어떻게 했겠습니까?
   - 온 것은 잘했다마는 마음은 찜찜하구나
   - 너는 가족을 슬프게 했어! 깊이 반성해야 해!
   - 돈은 어떻게 했니?
   - 너의 행동을 잘했다고 할 수는 없지만 너는 여전히 내 아들이다.
   - 집에 돌아와 줘서 고맙구나. 사랑한다 아들아!

3. 당신은 하나님과의 관계라는 면에서 지금 어떤 상태입니까? 그리고 그렇게 느끼는 이유를 설명해 주십시오.
   - 현재 멀리 떠나있는 상태이다.
   - 멀리 떠나보고 싶은 상태이다.
   - 하나님을 멀리 떠나 살아보았지만 힘이 들어서 이렇게 사는 것에 대하여 달리 생각해 보고 있는 중이다

■ 지금 막 방향을 전환하고 있는 시점이다.

■ 하나님께 돌아가려고 하나님을 향하여 돌아오고 있다.

■ 하나님께 돌아와 용서를 받았다

■ 하나님께서 주시는 은혜를 풍성하게 누리고 있으며 새로운 삶을 살고 있다.

4. 이 이야기에 나오는 큰 아들은 작은 아들이 돌아온 것에 대하여 별로 좋지 않은 느낌을 갖고 있었던 것 같습니다. 왜 그랬습니까?

■ 아버지의 돈을 다 탕진한 것이 아까워서

■ 잘못한 주제에 대접을 받는 것이 못마땅해서

■ 처음부터 미운 털이 박혀 있는 동생이라서

■ 지치고 힘든 집안 일 때문에 심사가 뒤틀려 있어서

■ 성격이 원래 못됐기 때문에

■ 강직하고 공과사가 분명했기 때문에

■ 아버지로부터 특별한 대우를 못받았다고 생각했기 때문에

5. 당신은 동생이나 아버지에게서 좋게 느껴지는 점은 어떤 것입니까? 왜 그것이 좋게 느껴지는지 설명해 주십시오.

■ 아버지의 친밀한 사랑의 마음

■ 작은아들의 실수를 인정하는 정직한 마음

■ 작은아들의 잘못에 대한 겸손한 고백

■ 아버지의 풍성한 잔치를 베풀어 주시는 넉넉함

■ 아버지의 과거를 묻지 않음

잠깐 쉬어 갑니다

"사랑에 애타는 아버지"

소녀는 미시간주 트래버스 시티 위쪽 버찌 농장에서 성장했다. 부모는 약간 구식이라 딸이 듣는 음악, 코걸이, 치마길이 따위에 과민반응을 보이곤 한다. 어쩌다 외출 금지령이 떨어지면 소녀는 가슴이 부글부글 끓는다. 그 날도 말다툼 후 아버지가 방문을 두드리자 딸이 소리친다. "아빠가 미워요!" 그날 밤 소녀는 그 동안 생각으로만 수없이 연습했던 일을 행동에 옮긴다. 가출을 한 것이다.

디트로이트는 전에 교회 중고등부에서 타이거즈팀의 경기를 보기 위해 버스를 타고 한번 밖에 가 본 일이 없다. 트래버스시티는 신문마다 디트로이트 시내 갱단, 마약, 폭력기사가 무서울 정도로 자세히 보도되고 있는 터라 소녀는 부모가 설마 그런 곳으로 자기를 찾아나서지는 않으리라 단정한다. 캘리포니아 플로리다라면 모를까 디트로이트는 아니겠지.

이틀째 되던 날 소녀는 지금까지 본 것 중 제일 큰 차를 몰고 다니는 한 남자를 만나게 된다. 남자는 차도 태워주고 점심도 사 주고 머물 곳도 마련해 준다. 소녀는 남자가 준 알약을 먹고 생전 몰랐던 기분에 빠져든다. 소녀는 '역시 내가 옳았어. 엄마 아빠는 재미있는 건 하나도 못하게 했던 거야' 라고 단정한다.

그렇게 한 달, 두 달, 한 해가 별 탈 없이 지나간다. 큰 차를 모는 남자는 소녀에게 남자들이 좋아하는 일을 가르친다. 상대가 아직 미성년자인 만큼 남자들이 내는 돈에도 웃돈이 붙는다. 소녀는 마음껏 룸서비스도 주문해 가며 빌딩 옥상의 고급 주택에 살고 있다. 가끔 식구들이 생각날 때도 있지만 지금은 자기가 거기서 자랐다고 믿어지지 않을 정도로 그들의 삶이 답답하고 촌스럽게 보였다.

소녀는 어느 날 우우팩 뒷면에 "사람을 찾습니다"란 문구와 함께 자기 사진이 실린 것을 보고 잠시 놀란다. 하지만 머리는 이제 금발이고 짙은 화장에 여기저기 구멍도 뚫고 보석까지 단 여자를 그 아이로 착각할 사람은 아무도 없을 것이다. 거기다 친구들도 대부분 가출을 하긴 했지만 디트로이트 바닥에서 서로 밀고하는 일이란 없다.

1년이 지나면서 소녀의 얼굴에 병색이 돌기 시작한다. 돌연 낯빛이 바뀌는 사장을 보고 소녀는 경악한다. "요즘 같은 세상에 빈둥거려서는 안돼." 사장이 불만을

표하고 소녀는 어느새 1원 한 푼 없이 길거리로 나앉게 된다. 여전히 하루 밤에 두 세 건씩 일을 건지기는 하지만 이제는 큰 돈도 못 받는 데다 그나마 받는 돈도 마약을 사는데 쓰면 끝이 난다. 겨울이 오자 소녀는 대형 백화점 밖 쇠창살에 기대어 잔다. 그러나 '잔다'는 것은 틀린 말이다. 한밤중 디트로이트 시내는 십대 소녀가 경계를 풀 수 있는 곳이 못된다. 어둠이 깔려온다. 기침이 심해진다.

그날 밤도 사람들 발자국 소리를 들으며 깨어 있는데 한 순간 모든 것이 달라 보이기 시작한다. 무대의 주인공 같던 기분은 간데 없고 춥고 무서운 도시의 길 잃은 아이의 심정만 남는다. 소녀는 훌쩍거리기 시작한다. 주머니는 비어 있는데 배가 고프다. 대책이 필요하다. 그녀는 바닥에 웅크리고 코트 위에 신문지까지 덮어 쓴 채 떨고 있다. 불현듯 끊겼던 기억이 되살아나며 하나님의 형상이 가슴 가득 떠오른다. 천지에 벚꽃이 만발한 5월의 트래버스 시티, 소녀의 황금빛 사냥개가 테니스공을 찾아 벚꽃이 흐드러진 나무 숲 속을 달리는 장면. "하나님 제가 어쩌다 집을 나왔을까요?" 소녀가 혼잣말로 중얼댄다. 가슴이 미어지는 것 같다. "우리 집 개도 나보다 잘 먹는데." 소녀는 흐느낀다. 그리고 한순간 깨닫는다. 견딜수 없을 정도로 집에 돌아가고 싶다는 것을.

연거푸 세 차례 전화를 걸지만 계속 응답기만 울린다. 처음 두 번을 끊지만 세 번째는 메시지를 남긴다. "아빠 엄마, 저예요. 집에 갈지도 모르겠어요. 집 방향 버스를 타요. 그쪽에 가면 자정쯤 될 거예요. 아빠 엄마가 없으면 그냥 버스에 앉아 캐나다까지 가겠죠."

버스가 디트로이트와 트래버스 시티 사이의 경유지를 모두 통과하는 데는 일곱 시간쯤 걸린다. 그 사이 소녀는 자기 계획의 허점을 깨닫는다. 만약 아빠 엄마가 출타중이라 메시지를 못 듣는다면? 하루 이틀 더 기다린 후 직접 통화를 했어야 하지 않을까? 설사 집에계신다 해도 딸 하나 오래 전에 죽은 셈치고 단념하고 계실지도 몰라. 충격을 극복할 시간을 도로 드릴 걸.

이런 염려 중에도 아버지한테 할 말을 준비하느라 소녀의 심정은 어지럽기만 하다."아빠 죄송해요. 잘못했어요. 아빠 잘못이 아니에요. 다 제 잘못이예요. 아빠 용서해 주세요." 수없이 되뇌이는 말, 연습인데도 벌써 목이 잠긴다. 남한테 잘못을 빌어본 적이 언제던가.

버스는 베이시티부터 불을 켜고 달린다. 숱한 바퀴에 스쳐 닳아진 도로위로 작은 눈송이가 흩날리고 아스팔트에서 뿌옇게 김이 난다. 고향의 밤은 칠흑같이 어둡다는 것을 그 동안 까맣게 잊고 있었다. 사슴 한 마리가 쏜 살같이 길을 가로지르는 바람에 버스가 잠시 출렁인다. 길옆에는 트래버스 시티까지 남은 거리를 알리는 표지판이 나왔다 사라지고 또 나왔다 사라졌다. '오 하나님'.

버스의 에어 브레이크가 쉿 소리를 내며 드디어 터미널 안으로 들어서자 운전사가 쉰 목소리로 안내 방송을 한다. "정차 시간은 15분입니다." 소녀의 운명을 판가름 낼 15분. 소녀는 손거울로 얼굴을 살피고 머리를 매만진 뒤 위아래 이로 립스틱을 지워낸다. 손가락 끝의 담배 얼룩을 보며 부모님이 자기를 알아볼까 잠시 생각해 본다. 물론 나와 계신 경우의 이야기다.

앞일을 전혀 모른 채 소녀는 터미널로 들어선다. 오만 가지 상상을 다 해 봤지만 정작 눈앞에 펼쳐진 것은 정말 꿈에도 생각지 못했던 장면이다. 콘크리트 벽에 플라스틱 의자뿐인 미시간 주 트래버스 시티 버스 터미널 안에 형제 자매부터 시작해 삼촌들, 사촌들, 할머니, 증조 할머니, 이모할머니까지 무려 사십명이나 되는 일가 친척이 다 나와 서 있는 것이다. 저마다 우스꽝스러운 파티 모자를 쓰고는 요란한 악기를 불면서. 터미널 벽은 온통 컴퓨터로 뽑아낸 "환영!" 현수막으로 뒤덮여 있다.

환영 인파 속에서 아빠가 다가오자 소녀는 녹아 내리는 수은처럼 눈물이 아른거리는 눈으로 아빠를 보며, 외워둔 말을 시작한다. "아빠, 죄송해요"

아빠가 말을 막는다. "쉿! 이러고 있을 때가 아니야. 용서를 빌고 있을 시간이 없어. 파티에 늦을라. 집에서 잔치가 널 기다리고 있거든."

필립 얀시의 『놀라운 하나님의 은혜』 중에서

적용과 마무리

진행안내 따뜻한 마무리는 아무리 강조해도 지나치지 않습니다. 다음 시간 다시 만날때까지 서로를 위해 기도하고 승리하는 삶이 되도록 격려해 주는 시간이 되기를 바랍니다.

1. 우리는 모두 하나님과의 관계를 생각해 볼 때 탕자입니다. 그래서 우리는 서로를 위해 기도해 주어야 할 필요가 있습니다. 이 시간 하나님을 떠나고 싶어하는 마음을 가진 아들에게는 머물러서 하나님의 은혜를 받을 수 있도록, 고민하고 있는 탕

자에게는 용기를 가지고 아버지의 품으로 돌아가도록, 아버지의 품으로 돌아온 아들에게는 아버지의 뜻을 이해하고 더욱 용기있는 온유한 아들이 되어 자신의 체험한 일로 다른 사람을 도울 수 있는 풍성한 삶을 살수 있도록 기도해 주십시오.

2. 아래는 우리 소그룹에 참여하는 모든 이들이 함께 달려가기 위해 정해야 할 언약의 예문들입니다. 우리 그룹에 맞는 언약의 내용이 빠지지 않고 포함될 수 있도록 충분히 토론한 후 정식 언약서를 만들어서 각 조원에게 나누어주십시오. 성경공부 시간이 부족하여 토론을 할 수 없는 경우, 별도로 시간 약속을 하여 언약서를 위한 토론회를 가지면 더욱 좋겠습니다.

1) 우리 모임의 목적은?

2) 우리 모임이 달성하려는 목표는?

3) 우리의 모임시간은?

4) 우리의 모임장소는?

5) 우리는 다음의 세부사항들을 준수할 것이다.

■ 예습 ■ 다과준비 ■ 전화연락

6) 우리는 모임을 위하여 아래의 규칙들을 준수할 것이다.

■ 이 모임을 갖는 동안 우리는 모임에 참여하는 일에 우선 순위를 둔다.

- 모든 사람은 자신의 의견을 말할 수 있고 모든 질문들이 존중되어야 한다.
- 모임에서 이야기된 개인적인 이야기를 다른 곳에서 공개하지 않는다.
- 참가 인원의 규모와 모임의 공간이 허용하는 한 우리 그룹은 새로운 사람이 참여할 수 있다.
- 다른 사람의 도움이 필요할 때면 언제든지 서로에게 연락할 수 있다.
- 우리가 수행할 수 있는 특별활동이 조원들 간의 합의에 의해 정해지면 그것을 완성될 수 있도록 최선의 노력을 기울인다.
- 기타

제4과

보다 더 소중한 것

부자는 자신이 가진 것으로 이 땅에서 영원히 살 것으로 예상했다.

그러나 그것은 어리석은 판단이었다.

04

제4과

보다 더 소중한 것

마음열기

진행안내 마음열기를 진행하는 방법은 세 가지가 있습니다. 첫째, 두 사람씩 짝을 이루게 한 후 짝이 된 사람과 함께 세 가지의 문제를 푸는 방법입니다. 둘째, 모두 함께 하되 아래의 문제중 한 가지만 골라서 하는 방법입니다. 셋째, 모두 함께 세 가지 문제를 다 푸는 방법입니다. 인도자는 1단계(부르심)에서는 마음열기를 통해 서로를 잘 알아 가는 것이 가장 중요하다는 점을 인식하고 허락된 시간에 마음열기와 말씀나눔과 마무리와 적용을 마칠 수 있도록 시간안배를 잘 하여야 합니다.

1. 각 조원들에게 주사위 두 개를 굴릴 기회를 주고 그들이 굴린 주사위 번호와 일치하는 번호의 질문에 대답하게 하십시오. 자신의 핸드폰 번호 끝자리 수에 해당하는 항목을 대답하게 할 수도 있습니다.(＊주사위가 없다면 사다리를 타도 될 것입니다)

여러분은 이럴 때(아래 상황), 누구에게 전화를 하겠습니까?

① 위기에 처했을 때

② 신나는 소식이 있을 때

③ 도움이 필요할 때

④ 영적 문제에 대한 자문이나 상담이 필요할 때

⑤ 새벽 2시경 잠이 안올 때

⑥ 누군가를 격려하고 도와주어야 하는데 묘안이 떠오르지 않을 때

⑦ 가정 문제에 대한 조언이 필요할 때

⑧ 속상할 때

⑨ 스트레스로 짓눌릴 때

⑩ 진로에 대한 중대기로에 섰을 때

2. 당신은 장차 어떤 것을 후손들에게 유산으로 남기고 싶습니까?

예) "사람들에게 보낸 나의 편지나 짧은 글들이 내 유산이 되겠지요." "내 우정이 나의 유산이 될 것입니다."

3. 과연 어떤 상황이 되면 다른 사람들이 당신의 숨겨진 일면을 가장 잘 볼 수 있을까요?

말씀나눔

! **진행안내** '말씀나눔'을 더욱 효과적으로 하기 위해서는 4명정도가 적절합니다. 그래서 조원이 너무 많을 경우 '말씀나눔' 시간에 인원수를 적절히 조정하여 진행하시기를 부탁드립니다. 소그룹하우스의 성경공부 교재는 예, 아니오의 답이나 성경구절을 찾아 답을 써넣는 식의 폐쇄형 질문은 가능한 배제하고 있습니다.

제목

누가복음 12:13~21

개역성경

13무리 중에 한 사람이 이르되 선생님 내형을 명하여 유업을 나와 나누게 하소서 하니 14이르시되 이 사람
아 누가 나를 너희의 재판이나 물건 나누는 자로 세웠느냐 하시고 15저희에게 이르시되 삼가 모든 탐심을
물리치라 사람의 생명이 그 소유의 넉넉한 데 있지 아니하니라 하시고 16또 비유로 저희에게 일러 가라사
대 한 부자가 그 밭에 소출이 풍성하매 17심중에 생각하여 가로되 내가 곡식 쌓아 둘 곳이 없으니 어찌할
꼬 하고 18또 가로되 내가 이렇게 하리라 내 곡간을 헐고 더 크게 짓고 내 모든 곡식과 물건을 거기 쌓아
두리라 19또 내가 내 영혼에게 이르되 영혼아 여러해 쓸 물건을 많이 쌓아 두었으니 평안히 쉬고 먹고 마
시고 즐거워하자 하리라 하되 20하나님은 이르시되 어리석은 자여 오늘 밤에 네 영혼을 도로 찾으리니
그러면 네 예비한 것이 뉘 것이 되겠느냐 하셨으니 21자기를 위하여 재물을 쌓아두고 하나님께 대하여 부
요치 못한 자가 이와 같으니라

함께 찬양

• 찬송가 102장 주 예수보다 더 귀한 것은 없네

찬양을 부르실 때는 주위의 다른 모임에 방해되지 않도록 하는 것이 좋겠습니다.

도입

한 부자가 있었다. 그는 곡식이 너무나 많았고 재물도 풍부하여 쌓아둘 창고가 없을 정도였다. 그래서 이 문제로 걱정하게 되었다. 그는 소유를 가난한 사람들을 위해 나눌 수도 있었다. 그러나 그는 그렇게 하기보다는 곡식과 재물을 쌓기 위해 작은 창고를 부수어 버리고는 거대한 창고를 하나 세웠다. 그리고 그 안에 그의 모든 것을 저축해 두었다. 그리고 그 재물로 인하여 만족해했다.

그런데 주님께서는 그 부자를 향하여 "이 어리석은 자여" 라고 말씀하셨다. 이 부자는 그가 이 땅에 살아 갈 수 있는 시간이 무한한 것으로 생각했다. 부자는 이 땅에서 편히 안락한 생활을 영위하려고 더욱 더 재산을 축적해 나갔다. 하지만 부자는 바로 그날 밤에 죽고 말았다. 결국 한푼도 가져가지 못한 그의 모든 재물은 세상에 남겨질 수밖에 없었다

1. 유산 때문에 가족간에 다툼이 일어났던 경험이나 그것과 관련하여 들은 이야기를 한 사람씩 돌아가며 나누어 보십시오.

2. 지금까지 살아오는 동안 가장 만족한 기분이 들었던 때는 언제였습니까?

- 집을 사서 이사했을 때
- 부모님이 세상을 떠나 유산을 물려 받았을 때
- 어렸을 때 세뱃돈을 생각 밖으로 두둑하게 받았을 때
- 첫 월급을 탔을 때
- 복권에 당첨되었을 때

■ 원하던 학교(직장)에 들어 갔을때

■ 기타

3. 예수님은 부자를 향해 "어리석은 자"라고 부르고 있습니다. 부자의 어리석은 점은 무엇이라고 생각합니까?

■ 의롭게 사용해야 할 돈을 그냥 쌓아두려고 했다.

■ 자신의 행복이 물질적 풍요와 쾌락에 있다고 생각했다.

■ 재산이 자기 것이라고 생각했고 또 그 재산이 자신을 안전하게 지켜 주리라고 생각했다.

■ 하나님이 계신다는 것과 또 다른 세계가 있다는 것을 잊고 있었다.

■ 인색했다는 점이다.

■ 기타

4. "교회 다니는 사람들은 이기적인 사람들(물질적 복에 관심이 많은 사람들)"이라는 비판의 말을 하는 사람도 있습니다. 이런 말을 들을 때 당신은 어떤 생각이 드십니까?

■ 전적으로 옳은 말이다.

■ 아니다. 이 세상에서의 풍요보다는 영원한 세계를 염두에 두고 살아가는 사람들이 기독교인들이다.

■ 대부분 그런 사람이고 그렇지 않은 소수의 사람들이 있다고 본다.

5. 이 세상에서의 삶이 전부가 아니라 영원한 세계에서 부유하게 사는 삶이 "하나님께 대하여 부유하게"(21절) 사는 것입니다. 이렇게 되기 위해서 지금의 나의 생활

이나 생각에서 변해야 한다고 느껴지는 부분이 있다면 무엇인지 서로 나누어 보십시오.

잠깐 쉬어 갑니다

제1차 세계대전이 끝나면서 지구상에는 두 개의 민주주의가 나타났다. 착취 없는 세계의 건설을 주장한 소비에트식 민주주의와 미국의 독점적 자본가들을 중심으로 형성된 미국식 자유민주주의였다. 이 두 민주주의 사이에서 교회는 큰 변화를 겪었다. 종교를 아편이라고 규정한 공산국가에서는 박해와 탄압으로 교회가 시들해졌고 자유민주주의 국가에서는 신앙의 자유로 교회활동이 보장됐으나 물질주의로 인한 영적인 타락이 가속화됐다.

두 민주주의 사이의 게임은 결국 자유민주주의의 승리로 끝났다. 냉전시대가 종식되자마자 세계에는 급격한 달러화의 태풍이 불기 시작했다. 마침내 자유민주주의를 배후에서 조종하는 '돈'이 그 위력을 발휘하기 시작한 것이다. 신앙의 자유라는 안일한 보장 속에서 마음을 놓고 있던 교회는 이제 정신을 차릴 때가 왔다. 돈의 승리는 결국 교회의 위기로 연결될 가능성이 있기 때문이다.

"돈을 사랑함이 일만악의 뿌리가 되나니 이것을 사모하는 자들이 미혹을 받아 믿음에서 떠나 많은 근심으로써 자기를 찔렀도다"(디모데전서 6:10)

자유민주주의에서 가치기준은 바로 돈이다. 그래서 한국이 외환위기를 맞았을 때 IMF는 경쟁력 확보를 위해 '아시아적 가치' 포기를 요구했다. 그 아시아적 가치란 바로 삼강오륜을 포함한 비효율적인 도적적 가치를 말한다. 지금 사방에서 아시아적 가치들이 돈의 위력 앞에 무릎꿇고 있다. 이혼이 느는 것은 부부관계가 계약적 동업관계로 바뀌었기 때문이고 교사의 권위가 사라진 것은 교사가 월급쟁이로 전락했기 때문이며 노인이 홀대 당하는 것은 현금적 기여도가 없기 때문이다.

노인과 부모를 공경하고 이웃을 사랑하는 아시아적 가치는 동시에 '성경적 가치'이기도 하다. 따라서 아시아적 가치의 위기는 바로 교회의 위기이기도 하다. 교회와 돈의 싸움은 이미 시작됐다. 교회 지도자들이 교회를 자식에게 물려주어 경멸당하는 것은 교회를 자신이 창업한 회사로 생각하기 때문이고 교회에서 청년들이 사라지는 것은 신앙생활이 경쟁사회에서 살아가는데 불리하다고 판단하기 때문이며, 교회가 사회문제에 대해 목소리를 내지 못하는 것도 부자들과 권력자들의 심기를 건드리면 교회에 도움이 안 된다고 믿기 때문이다. 후일의 사정이 그리될 것을 짐작하셨는지 예수님께서는 이렇게 말씀하셨다.

"집 하인이 두 주인을 섬길 수 없나니 혹 이를 미워하고 저를 사랑하거나 혹 이를 중히 여기고 저를 경히 여길 것임이니라 너희가 하나님과 재물을 겸하여 섬길 수 없느니라"(누가복음 16:13)

국민일보 2000. 9. 1 [로뎀나무]
돈과의 전쟁 /김성일〈한세대 교수〉

적용과 마무리

! 진행안내 따뜻한 마무리는 아무리 강조해도 지나치지 않습니다. 다음 시간 다시 만날때까지 서로를 위해 기도하고 승리하는 삶이 되도록 격려해 주시기 바랍니다.

1. 하나님을 향해 부유한 사람이 되기 위하여 변해야 할 것이라고 생각했던 점들을 변화시켜 나갈 수 있는 힘을 주시도록 함께 기도해 주시기 바랍니다. 짝 기도로 두 사람씩 나누어도 좋을 것 같습니다.

2. 다음 항목에 따라 우리 그룹을 평가해 보십시오.
   - 그룹 활동을 통하여 내가 발견한 것은 …
   - 지금 내가 배운 가장 중요한 것 중의 하나는 …
   - 내 생각에, 우리 그룹은 …

- 대체로 내가 그룹에 관해 가장 높이 평가하는 것은…

- 그룹의 구성원으로서 우리 그룹에 바라는 것이 있다면 그것은…

부록 1

TALK전략 : 소그룹 운영전략

소그룹을 건강하게 만들기 위해서는 적어도 몇 가지 전략이 필요합니다. 많은 전략들을 고안하고 정리할 수도 있겠지만, 4가지 전략(이하, TALK전략)으로 정리할 수 있습니다. 아마도 교회 내에서 소그룹 관리자들은 목회자가 대부분일 것이라고 짐작할 수 있겠는데, 소그룹 관리자들이 적어도 이 TALK전략을 기억하며 소그룹을 운용해 나간다면 역동적인 소그룹을 이룰 수 있을 것이라고 봅니다. TALK전략의 네 가지 전략들은 긴밀하게 상호 연결되어 있을 뿐만 아니라, 서로 다른 전략들을 보완해 주는 기능을 가지고 있습니다.

T(Triangle)전략 : 삼각기둥

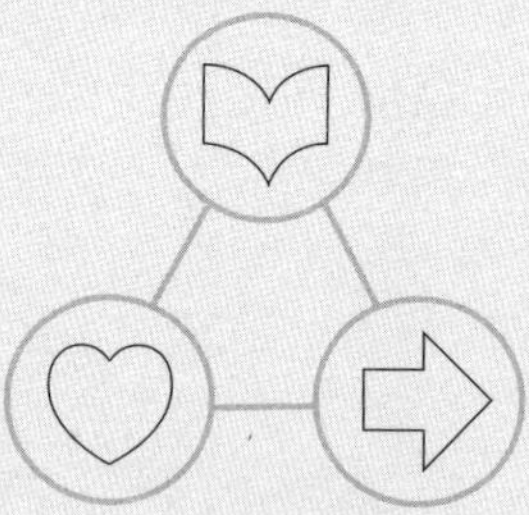

T전략은 모든 전략의 기초가 되는 전략입니다. 건강한 소그룹이 본질적으로 가져야 할 3대 요소들을 강조하는 것입니다. 건강한 소그룹은 성경연구와 그룹세우기, 그리고 모임의 확장을 통한 선교와 전도의 요소를 내부에 필수적으로 가지고 있습니다. '성경연구' 즉 하나님의 말씀에 대한 연구는 건강한 소그룹의 생명에서 가장

중요한 요소입니다. '그룹세우기' 혹은 '보살핌, 교제'라고 일컬어지는 두번째 요소는 하나의 그룹을 이루어 가는 결속 과정으로 시간과 노력과 헌신이 요구되는 요소입니다. 세번째 요소인 '확장'의 요소는 일명 '빈자리' 요소라고 일컬을 수도 있는데, 소그룹 내에서 서로에 대한 사랑과 섬김 가운데 항상 그 모임이 확장되어야 함을 의미합니다.

소그룹 활동이 처음 소개될 때, 사람들은 소그룹 모임은 오로지 성경공부와 기도에만 초점을 맞추어야 한다고 생각하는 경향이 있었습니다. 이것은 소그룹 자체가 가르침과 배움의 과정만 있는 상당히 지루한 모임이라는 인식을 하게끔 만들었습니다. (이에 더하여 서로를 돌아보거나 이 모임이 궁극적으로 지향하고 하나님 나라와 이웃을 향해서 섬겨야 할 구체적인 내용이 무엇인지를 많이 상실하게 만들었습니다.) 곧 소그룹 구성원들의 머리는 냉철해지고, 성경지식은 풍성하게 만들었는지 모르지만, 공동체성을 상실하게 만든 것입니다. 또한 교회 안에서 소그룹으로 모인다는 것은 바로 이웃들을 전도하기 위한 효과적인 도구로 활용하기 위함이라는 의식이 팽배했던 시기가 있었습니다. 먼저 복음을 들은 자들이 전도에 힘을 써야 하는 것이 당연한 일이긴 하지만, 모임의 확장만을 배타적으로 강조하게 되면, 그것으로 인해 소그룹의 건강성을 해칠 경우도 사실상 배제할 수 없는 것입니다.

이외에도 일부 소그룹에서는 다른 요소들은 젖혀 두고, 그룹 자체를 하나의 공동체로서 견고히 세워가는 것에만 초점을 맞추고, 구성원들 서로간의 협력과 교제에만 몰두하게 되는 경우도 생겨났습니다. 특별히 80년대와 90년대 소그룹 성경공부 모임이 활발했던 시절, 청년부나 대학부 자체 집회 후 이루어지는 그룹성경공부(GBS) 시간은 종종 그들만의 친목과 교제의 시간으로 전락하는 경우가 많이 있었습니다.

특별히 리더 훈련 과정이 박약하고 리더로 세울만한 인적자원이 엷은 교회의 청년 대학부일수록 이런 경향은 더 심하게 나타난 것이 사실입니다. 모든 힘을 내부에 탕진해 버리는 경우, 그 이후에 나타날 결과는 강 건너 불 보듯이 뻔한 상황입니다.

이상에서 살펴 보았듯이, 각 교회에서 행해지던 지금까지의 소그룹 운동들은 많은 경우 다른 두 가지 본질적인 요소들은 젖혀두고 오로지 한 가지 요소에만 몰두해서 소그룹을 이끌어가려고 했기 때문에 시행착오를 겪고 혼돈에 빠질 수밖에 없었습니다. 그래서 한 가지에만 열정을 소모했던 많은 교회들이 기진맥진하고, 마침내 소그룹 사역을 포기하는 모습을 많이 볼 수 있었던 것입니다.

그러나 소그룹 사역이 도달하고자 하는 목표는 이러한 3가지 본질적인 요소들이 조화를 이루는 것입니다. 실제로 성경연구는 건강한 소그룹의 생명에 있어서 가장 중요한 요소입니다. 그러나 성경연구 한 가지만으로는 부족합니다. 이것은 다른 두 가지 요소들을 충분히 고려할 때 최고의 효과를 발휘하게 됩니다. 따라서 하나의 그룹은 세 가지 요소들을 모두 활용할 때 가장 뛰어난 사역을 이루게 되는 것입니다. 건강한 소그룹을 운용하기 위해서 소그룹의 필수적인 3요소를 균형있게 표현한 "T의 전략"이 필요한 것입니다.

A(Amplify)전략 : 빈자리

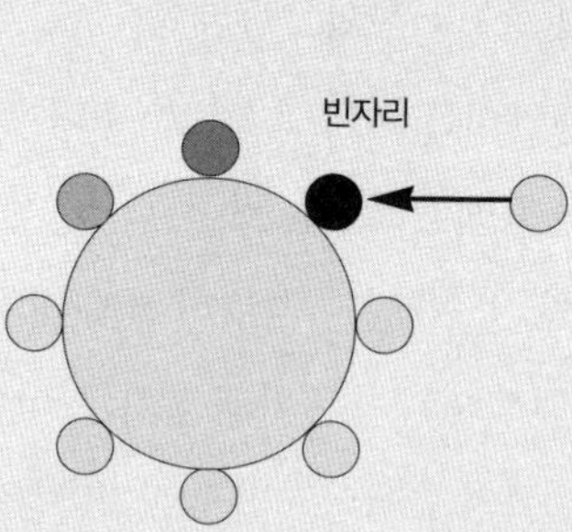

건강한 소그룹을 운용하기 위한 A전략은 아주 간단한 준비를 통해서 실행될 수 있습니다. 모임 장소에 빈자리 하나를 놓아 두는 것입니다. 이것은 모든 소그룹 구성원들에게 우리가 함께하는 모임이 항상 다른 사람들에게 개방되어 있다는 것을 기억하게 해주는 상징입니다. "자신의 발걸음을 하나님께로 돌이키려는 사람, 상처를 받았거나 소속될 곳이 필요한 사람, 영적 교제에 갈급한 사람, 치유와 회복이 필요한 사람 등" 어떤 사람이든지 그리스도의 복음이 필요한 모든 사람들에게 모임이 열려 있고, 받아들일 준비가 되어 있다는 것을 상징적으로 보여 주는 것이 빈자리인 것입니다. 따라서 빈자리는 소그룹에서 반드시 시행되어야 할 삼대 요소 가운데, 확장(선교와 전도)의 요소를 확인시켜 주는 중요한 도구가 될 수 있습니다.

대체적으로 견고하게 결속된 그룹일수록 타인을 받아들이는데, 상당히 경직된 태도를 보일 수 있는 가능성이 높습니다. 그러나 교회 공동체에서 소그룹 사역을 하는 것은 궁극적으로 새로운 소그룹을 탄생시키기 위한 생명적 모판으로써, 소그룹 사역을 진행한다는 점을 깊이 인식할 필요가 있습니다. 즉 소그룹이 열린 소그룹이어야 함을 주지시키는 것입니다. 또한 빈자리는 모든 소그룹 구성원들에게 그 자리에 와서 앉아야 할 사람이 있음을 상기시켜 주고, 그 사람을 위해 기도할 책임과 그 사람을 인도할 책임이 자신에게 있음을 알려주는 실물 도구가 됩니다.

그러므로 열린 소그룹으로서 항상 빈자리를 기억하면서 함께 기도하고, 구체적으로 움직이는 동기를 끊임없이 부여하는 것이 빈자리인 것입니다. 인생에서와 마찬가지로 소그룹에도 역시 탄생, 성장 그리고 재탄생이라는 자연스러운 생명주기가 있습니다. 소그룹의 구성원들이 함께 모여 견고하게 결속되어 가는 것은 참으로 보기 좋은 모습입니다. 그리고 소그룹이 생명력을 가지고 더욱 성장하고 성숙해지는 모습은 참 아름다운 일입니다. 그러나 소그룹에서도 사랑의 극치는 인생에서와 마찬가지로 그 그룹이 또 다른 새로운 그룹을 탄생시켜 "재탄생" 하는 것이라고 할 수 있습니다. 여기에 소그룹의 임무가 있는 것입니다.

따라서 소그룹의 구성원들로 하여금 출발할 때부터 이 사실을 확인시키고, 진행과정에서 언제나 기억하도록 하는 것은 매우 중요한 일입니다. 탄생 시기에 자신의 이야기를 다른 사람들과 함께 나누고, 그 나눔에 대해 감사하면서 서로의 이야기에 긍정적인 반응을 보인 사람들은 최종적으로 현재 삶 속에서 개인적으로 필요에 대해서도 이야기하고 바라는 목표가 무엇인지 나눌 수 있기 때문입니다.

이 시기는 마치 이성교제에서 이제 막 데이트를 시작하려는 단계와 비교할 수 있습니다. 상대방과 결혼하기를 원한다면, 서로에 대해 알기 위하여 시간을 투자해야 하는 것입니다. 그리고 결혼에 골인하기 위해서 어느 정도 지켜야 할 약속을 서로가 목표설정을 하면서 맺는 과정도 거치게 되는 것입니다. 이런 탄생 시기를 지나면, 성장과 성숙의 시기에 이르게 되는데, 이 시기는 결혼의 초기 단계에 비교될 수 있습니다. 소그룹 구성원들은 관계를 지속하기 위해 언약에 스스로 동의했습니다. 이제는 성장해야 할 시간이 된 것입니다. 그렇게 함으로써 모든 구성원들은 하나로 결속되었습니다. 이제 모든 구성원들은 한 공동체의 지체로서 성장해야 합니다.

소그룹이 성장하기 위해서는 말씀에 대한 깊이 있는 공부가 필요합니다. 따라서 성경공부를 영양을 고루 갖춘 건강식으로 변화시킬 필요가 있는 것입니다. 그리고 열려 있는 소그룹으로서 새로운 사람이 모임 안에 들어왔을 때, 어떤 선택을 해서 그 사람을 효과적으로 안착시킬 수 있을 것인가에 대한 대안마련도 이 시기에는 필요합니다. 궁극적으로 성숙의 과정을 거쳐야 하는데 그러기 위해서는 보다 깊이 있어지고, 삶의 변화를 이끌어 내는 성경공부와 그에 맞는 교재가 필요한 것입니다. 그리고 이 시기에도 역시 잊지 말아야 할 것은 빈자리를 만들어서 영적인 성장만큼 수적으로도 성장을 계속해야 한다는 점입니다.

L(Life cycle)전략 : 생명주기

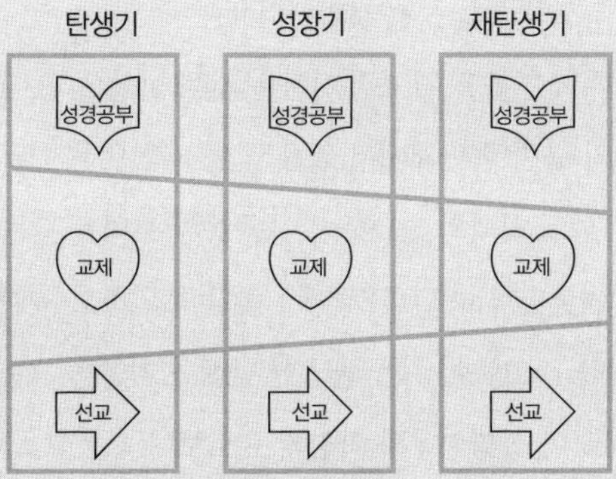

L전략에서는 "최소의 연료를 가지고 최고의 연비를 낼 수 있도록" 어떻게 세 가지 요소들을 적절하게 안배할 것인가를 살펴볼 수 있습니다. 소그룹 인도자들은 지금까지 소그룹을 운용하면서 기본적으로 두 가지 중 한 가지의 방식을 선택하면서 소그룹을 운영해 왔을 것입니다.

첫째, 정적인 운용방식입니다. 이것은 소그룹이 만약 90분 동안의 모임을 가진다면 30분간은 성경연구, 30분간은 공동체 세우기와 교제, 30분간은 모임의 확장을 위한 결단의 시간으로 가지는 것입니다. 세 부분이 삼단 케이크처럼 똑같이 30분씩 삼등분 되도록 진행하는 것이 이 정적인 운용방식의 특징입니다. 그러나 사실상 이것은 과거에 사용하던 구식 시스템입니다. 소그룹의 세 가지 본질적인 요소를 균형있게 유지할 수는 있지만, 융통성이 없어서, 소그룹의 성장 단계와 생명주기의 단계에서 요구되는 필요들을 적절하게 평가하거나 반영하기에는 실패하기 쉬운 방식입니다.

둘째, 동적인 운용방식입니다. 이름하여 'L전략'이라고 불리는 동적인 활동은 T전략의 세 가지 본질적인 요소들을 점검하고 그룹의 생명주기 전반에 걸쳐서 그때마다 우선 순위를 확인해 주는 것을 의미합니다. 한 그룹의 단기적인 활동단계에 있어서 T전략의 세 가지 본질적인 요소(성경연구, 그룹세우기, 확장) 가운데 한 가지에 나머지 두 가지보다 우선 순위를 두는 것입니다.

이러한 강조는 다른 측면들을 결코 무시하는 것이 아닙니다. 이것은 단지 소그룹이 가지는 생명주기의 특별한 단계에서 필요한 요소에 우선 순위를 부여하는 것일 뿐입니다. 예를 들어, 만일 하나의 소그룹이 일년 동안 모임을 갖는다면, 여름방학 한 달(7월 혹은 8월)과 겨울방학 두 달(12월과 1월)을 제외하고 9개월을 각각 3단계로 나눌 수 있을 것입니다. 소그룹이 처음 출범한 탄생 시기에는 그룹세우기가 가장 중요한 요소가 되고, 그것이 성경연구와 확장의 요소보다 우선권을 갖는 것입니다. 소그룹이 구성되고 구성원들이 처음으로 얼굴을 대하게 된 시기에는 사실상 성경연구를 깊이 있게 하거나, 전도해야 할 필요성과 결단을 촉구하는 것은 상당히 어려운 시기입니다.

이 때, 필요한 것은 모든 참석자들이 그 모임 안에서 따뜻함과 평안함을 느끼고 계속해서 소그룹에 참석할 것을 스스로 결정하도록 하는 동기를 부여하는 일이 우선인 것입니다. 따라서 구성원들이 하나의 그룹으로서 공동체를 이룰 수 있도록 교제하는 것에 시간과 모든 활동을 집중하고, 그 다음에 보다 깊이 있는 성경연구와 모임의 확장을 꾀하도록 하는 것입니다.

탄생의 시기가 지나가면, 그룹세우기를 위한 교제의 요소를 한 발짝 뒤로 돌리고 구성원들이 소그룹 안에서 보다 성숙하도록 하기 위해서는 성경연구와 확장(선교와 전도)에 대한 깊이 있는 결단을 촉구하는 분위기와 시간으로 이끌면 됩니다. 소그룹의 생명주기에 맞추어 마지막 단계까지 소그룹이 가져야 할 3대 요소를 우선 순위를 고려하여 시간을 배정하고, 교과과정이나 교재활용을 한다면, 그 소그룹은 훨씬 역동적으로 진행될 것입니다.

K(Koinonia)전략 : 코이노니아

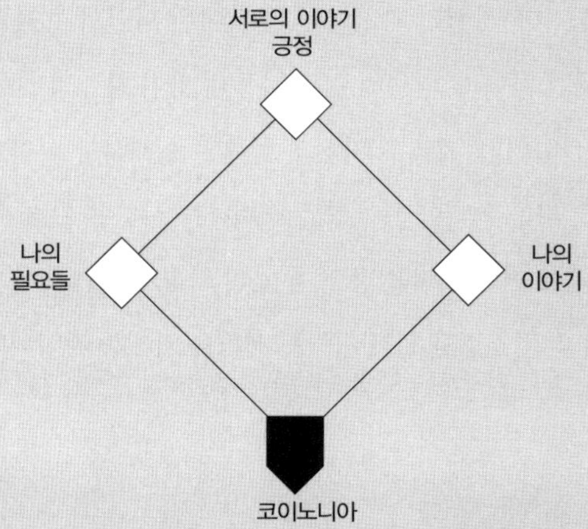

K전략은 소그룹의 탄생 시기에 그 소그룹을 견고하게 하기 위해서 사용해야 할 전략입니다. 야구장에 나타나는 각 베이스들(1루, 2루, 3루, 홈베이스)은 소그룹의 구성원들이 결속되고 견고하게 완성되기 위해서 거쳐야 할 각 과정을 나타냅니다. 이 아이디어는 모든 소그룹 구성원들이 홈베이스(궁극적인 코이노니아)를 향하는 과정에 각 베이스에 머무르며 내야를 한 바퀴 도는 야구 선수처럼 각 과정을 돌아서 목표 지점에 들어가는 과정을 보여줍니다.

자기소개

먼저 1루 베이스는 자기소개의 과정입니다. 소그룹에서 소그룹 자체를 건강하고 견고하게 만들기 위해서 구성원 각자가 다른 참가자들에게 줄 수 있는 가장 큰 선물은 다른 것이 아닙니다. 바로 자기 자신을 선물로 내어놓는 것입니다. 이런 점에서 1루 베이스는 구성원 각자가 자신에 관한 이야기들을 다른 사람들과 함께 나누는 과정으로써 '자기소개' 라고 부를 수 있습니다. 즉 부담없이 "서로를 알기 위한" 시간인 것입니다. 이 기회에 모든 구성원들은 거추장스러운 외투를 벗어 걸어 놓고, 무겁게 짊어지고 다니던 짐 보따리를 풀어놓고, 자신이 살아온 여정을 드러내고 보여주는 과정을 가지는 것입니다. 자신의 과거인 고향과 어린 시절의 추억들, 그리고 중요한 사람들에 대해서 뿐만 아니라, 영적인 여정 가운데 과거 자신의 삶을 소개할 수 있는 시간이 바로 이 시간입니다. 그리고 자신의 현재를 소개하는 시간으로 영적인 순례의 과정에서 지금의 나는 어디에 있는가를 소개하는 시간을 가질 수 있습니다. 여기에 더하여 장차 미래에 어떤 비전을 품고, 무엇이 되고자 하는가에 대한 꿈과 소망들과 하나님으로부터 받은 소명을 함께 나누는 시간을 가지는 것입니다.

긍정의 과정

2루 베이스는 긍정의 과정입니다. 2루 베이스는 1루에서 자신의 삶에 대해 소개하고 나눈 사람들에게 긍정적인 반응을 보이는 곳입니다. 구성원들이 한 구성원의 이야기에 대해서 긍정의 반응을 보이기 시작할 때, 그들 사이에는 '관계성' 이 창조되는 것입니다. 그러나 이 관계성은 단순한 '반응' 이나 남의 이야기를 잘 들어주는 기술을 넘어서는 그 이상의 것입니다. 즉 2루 베이스에서 모든 소그룹 구성원들은 한 사람의 자기소개에 대해서 그의 삶의 이야기에 대한 무조건적인 수용과 전적인 긍정을 하는 것을 의미합니다. 진리의 문제와 관련이 없는 이상 전적인 수용과 긍정의 의사를 분명하게 보여줄 때, 자기소개의 과정을 거치는 사람은 소그룹 내에 자신이 분명한 구성원이고, 배려받는 느낌으로 안정성을 가지게 되는 것입니다.

그러므로 2루 베이스에서는 "당신의 이야기에 대해 감사드립니다.", "저는 당신의 이야기를 통해 ……을 얻게 되었습니다.", "당신의 이야기는 저에게 참으로 귀한 선물입니다."라고 말하는 것이 중요하다고 할 수 있습니다. 이런 점에서 모든 소그룹 구성원들은 서로에게 이렇게 반응하는 방법을 반드시 배워야 하고, 그것을 구체적으로 실천하기 위해 소그룹 전체의 약속이 필요합니다.

목표설정

소그룹의 결속을 위해 마지막으로 거쳐야 할 3루 베이스의 과정은 '목표 설정'입니다. 나눔과 긍정은 구성원들 상호간에 좋은 관계성을 이루어 주고, 좋은 관계는 거친 물결을 헤치고 항해하는 모험의 위험에서도 하나의 공동체로서 지속성을 유지할 수 있는 힘을 공급해 줄 수 있습니다. 따라서 3루 베이스에서는 보다 깊은 수준의 이야기를 나눌 수 있는 것입니다. "이제 당신은 어떤 삶을 살기를 원하십니까?", "하나님께서 당신을 부르시는 곳은 어떤 영역입니까?" 등의 물음에 대한 구체적인 비전에 대한 나눔은 모든 소그룹 구성원들에게 새로운 차원을 열어줄 것입니다.

따라서 3루 베이스의 과정은 성령님께서 사람들을 결속시키시고, 치료하시고, 새롭게 하셔서, 새로운 도전을 할 수 있도록 하는 곳입니다. 마침내 1루, 2루, 3루를 효과적으로 거쳤을 때, 그 소그룹은 홈베이스인 온전한 교제의 상태인 코이노니아에 이르게 됩니다.

이상에서 건강한 소그룹을 위한 4가지 전략을 간략히 소개하여 드렸는데, 건강한 교회를 이루고자 하는 분들에게 유용한 도구가 될 수 있기를 기대합니다. 소그룹의 원리는 어려우면서도 쉽고, 또 쉬우면서도 어려운 측면이 있습니다. 따라서 진지한 연구와 끈기 있는 시도가 소그룹을 준비하는 기본적인 자세임을 말씀드리고 싶습니다.

부록 2

소그룹 문제 해결

1. 새로운 사람들이 소그룹에 참석할 때 그들을 어떻게 대할 것인가?

소그룹이 진행되고 있는 과정에서 소그룹 멤버들을 잘 알지 못하는 새로운 사람들이 들어오는 경우가 생길 때, 그들을 어떻게 대하는가는 굉장히 어렵고도 중요한 문제입니다. 새롭게 참석한 사람들 중에는 성경을 좀 아는 사람들일 수도 있고, 전혀 기독교에 대해서 문외한인 사람일 수도 있습니다. 소그룹의 개방성을 강조하여 새로운 사람이 들어온 것은 좋은 결과이지만, 상당히 대처하기 어려운 면이 있습니다.

먼저 어느 정도 기독교에 대해서 알고 있는 사람이 새로 들어왔을 경우에는 소그룹 내에 정착시키는 것이 중요한 관건입니다. 이에 대한 해결책은 한 주 정도 진행되는 교과과정을 일단 멈추고, 시간을 따로 내서 다시 한번 모든 사람들이 서로를 잘 알 수 있도록 시간을 갖는 것이 효과적입니다.

이 자리에서는 새로운 멤버를 받아들이기 위해서 다음과 같은 질문들을 활용하고, 함께 둘러 앉은 모든 사람들이 각 질문에 대답할 수 있도록 유도하면 좋을 것입니다.

그러나 더 큰 문제는 깊이 있는 성경공부를 진행하고 있는 과정 속에 모임의 분위기에 익숙하지도 않을 뿐더러 성경을 전혀 모르는 사람이 새로 들어왔을 때 어떻게 하는가?하는 부분입니다.

예를 들면 동네에서 불량스럽다고 알려진 한 청년이 우리 소그룹에 초청을 받고 그 자리에 참석했다고 생각해 봅시다. 그 청년은 머리에 물을 들인 채, 번쩍거리는 쇠붙이 장식이 달린 가죽점퍼를 걸치고, 소매 없는 티셔츠에 팔에는 문신을 잔뜩 새긴 채로 참석했습니다. 그런데 여러분의 모임에서는 오늘 저녁 그리스도의 생애에 대하여 공부하면서, 요한복음 4장에 나오는 우물가의 여인 이야기를 보려고 합니다. 여러분이라면 이 상황에 어떻게 대처하겠습니까?

이런 상황에서 해결방안은 그 동안 우리 소그룹이 진행해 왔던 교과과정 중에서 소그룹의 생명주기 중 탄생 시기에 재미있게 나누었던 교재 중 두 세과 정도를 다시 활용하는 것입니다. 모든 구성원들에게 먼저 양해를 구하고, 스스럼없이 자신의 이야기를 털어놓을 수 있도록 구성된 교재를 함께 나눌 때, 이미 견고하게 결속된 구성원들은 이전에 느꼈던 기쁨을 다시 확인할 수 있을 것이고, 동시에 새로 온 청년은 편안함을 느끼면서 소그룹의 멤버로 자리를 서서히 잡아갈 수 있게 될 것입니다.

결국 새로운 사람이 소그룹에 들어왔을 때에는 그저 두세 과 정도 새로운 사람이 모임에 익숙해질 때까지 쉬운 성경공부로 되돌아가면 됩니다. 새로운 사람이 소그룹에 들어오기에 가장 좋은 시간은 소그룹의 생명주기를 전제했을 때, 출발하는 탄생 시기이지만 "놀이터 철학"에 입각한 강요하지 않는 질문으로 구성된 교재들을 적절히 활용할 수 있다면, 심화 학습을 하는 과정 속에서도 새로운 사람은 얼마든지 들어올 수 있을 것입니다.

2. 대화와 토론을 나누기에 사람들이 너무 많은데 어떻게 할까?

소그룹이 처음 출발했을 당시에는 세 사람과 빈자리 하나를 만들어 놓고 시작했습니다. 그러나 구성원들이 정말로 새로운 사람을 데려오는 일을 계속하고 있다면, 곧 원하는 것을 나누기에는 사람이 너무 많아지게 될 것입니다. 임상결과에 따르면 소그룹이 12명 이상이 될 때, 소그룹 내에 문제들이 발생하기 시작한다는 것을 볼 수 있고, 어떤 사람은 혼자서 말을 다 하게 되고, 반면에 다른 사람은 침묵을 지키게 되는 등의 일이 일어나기 시작되는 것을 알 수 있습니다.

이런 경우 해법은 소그룹의 회원이 7명이 넘기 시작하면, 네 명씩 세 명씩 두 그룹으로 나누어 성경본문 공부를 하는 것이 좋습니다.

구체적으로 '말씀나눔' 시간에 인도자는 4명을 인도하고, 보조인도자는 3명을 인도하면 45분 이내에 본문을 깊이있게 나눌 수 있는 기회를 가지게 될 것입니다. 그리고 다시 모두 함께 모여 소그룹의 진정한 목적인 서로를 돌보는 보살핌의 시간을 가지면 되는 데, 이 시간은 성경공부 시간에 너무 많은 시간을 허비하지 않았기 때문에, 서로를 돌아보고, 서로를 위해 기도하며, 소그룹 전체가 지향해야할 목표를 제대로 확인할 수 있는 시간이 될 수 있는 것입니다. 특히 소그룹의 마지막 시간에 사용할 수 있는 효과적인 말로는 "우리가 이번 주에 당신을 위해 어떻게 기도해드릴까요?"라는 형식의 문장일 것입니다.

3. 모임이 활기를 잃고 탈락하는 사람이 생기기 시작할 때는?

소그룹 사역에서 정말로 어려운 것은 피로감입니다. 소그룹이 어디로 가야하는 것인 줄도 모른 채 빨리 가고 있습니다. 흥미는 점점 떨어집니다. 출석하는 사람은 점점 줄어들고 있습니다. 구성원들은 그들이 어디로 가고 있는지, 그들이 함께 무엇을 하는지 알고 있는 것 같지 않습니다. 목표의식을 상실한 것입니다. 그러나 이런 경우 소그룹의 전체적인 마무리를 어떻게 해야할지 당황스러운 것이 현실입니다. 아무도 비전을 찾을 수 없는 것입니다. 이런 문제는 그 소그룹에 목적이 없고, 끝마치는 날짜가 정해지지 않았을 뿐만 아니라, 소그룹의 생명주기를 전체적으로 감지하지 못하기 때문에 발생하게 됩니다.

구성원들이 모임이 지속되기를 원한다면, 장거리 여행을 시작하기 전에 새로운 언약을 맺고 그룹을 위한 기본 규칙을 설정하는 것이 필요합니다. 그리고 생명주기의 원리를 지키면서 각 단계의 성경공부에 다양한 변화를 주는 것입니다. 그리고 구성원들이 새로운 소그룹을 탄생시켜야 하는 임무가 그들 자신에게 주어져 있음을 기억하게 해야 합니다. 부부 사이에 자연스러운 사랑의 열매는 자녀입니다. 사랑하는 그룹의 자연스러운 열매는 새로운 그룹의 탄생입니다. 자기들끼리만 얽매여 있는 그룹은 지쳐버리고 마는 것입니다.

소그룹의 생명주기에서 중간 정도의 상황에 와 있다면, 한 주 정도는 아예 성경공부 하는 것을 멈추고, 소그룹 구성원들이 함께 맺었던 언약들을 재협상 하는 것이 좋습니다. 만약 소그룹을 시작할 때 언약서를 쓰지 않았다면, 더욱 이 작업은 필요합니다. 만약 멤버들이 언약에 동의하지 않는다면, "파티"를 열고 모임이 실패한 것이 아니라, 새로운 승리를 위해 출발하는 것임을 선언하고, 모임을 종결 시키는 것이 좋습니다. 함께 하는 관계를 포기할 줄 아는 그룹은 오히려 더욱 많은 영적 자녀들을 낳고, 그들에게 생명을 가져다 줄 가능성이 큰 것입니다.

4. 특정한 사람이 특수한 주제로 모임 전체를 좌우하려고 할 때는 어떻게 해야 하는가?

한 사람이 매주 모일 때마다 자녀 문제와 같은 자기 가정의 문제들로 모임 전체의 분위기를 흔들어 놓습니다. 처음에는 인도자가 마음껏 이야기할 기회를 주었지만, 그 다음주부터는 이 사람이 먼저 나서서 이야기를 시작합니다. 이럴 때 인도자는 어떻게 해야할까요?

해결방법은 모임중에는 재치있는 말로 화제를 바꾸거나 다른 사람에게 말할 수 있는 기회를 주어서 한사람이 주도하는 분위기를 바꿀 필요가 있습니다. 그리고 모임이 끝난 후에 그 사람에게 그룹의 목적 등 "기본 규칙들"을 재확인 시켜주고, 다음 순서를 진행해야 함을 말할 필요가 있습니다. 만일 이 사람이 끝까지 자기 고집을 굽히지 않으면, 교회의 소그룹 관리자에게 모임에 참석해서 문제를 관찰해 줄 것을 부탁합니다. 그래서 때로는 이 사람을 특별한 주제를 다루는 소그룹에 옮기게 할 것인지를 관리자가 결정하도록 하는 것입니다.

그러므로 이런 상황에 대비하기 위해서라도 교회 내에는 특수한 문제로 고민하고 있는 사람을 협력하고, 그가 당면하고 있는 문제를 회복시켜 줄 수 있는 협력과 회복을 위한 다양하고, 특성화된 소그룹이 필요합니다. 특별한 어려움에 처해있는 사람들을 돕기 위한 문제해결 중심의 성경공부가 마련되어 있어야 하는 것입니다.

5. 다루기 어려운 특수한 문제해결을 위해 소그룹을 진행할 때 나타날 수 있는 부작용을 해결할 수 있는 방안은 무엇인가?

영적인 문제나 삶의 문제와 관련하여 성경적 대안을 제시받기 위해 모인 사람들과 소그룹을 진행한다는 것은 살얼음판 위를 걷는 분위기일 것입니다. 이 때 제일 중요한 자세는 "당연한 요청"을 받는 자세로 임해야 한다는 점입니다. 즉 지나치게 거친 자녀를 둔 어머니를 위한 지원 소그룹이라면, 그 소그룹은 거친 자녀를 둔 어머니의 마음을 가지고 시작해야 한다는 말입니다. 그리고 실질적으로 모임을 비공개로 하는 것을 허용할 필요가 있는데 비공개로 모일 경우에는 진행과정을 미리 염두에 두고 날짜를 정해야 합니다.

만약 모임이 절대적인 비밀유지를 요구하는 민감한 문제를 다룬다면, 구성원들로 하여금 비공개로 모이는 것이 필요하고, 비밀유지에 대한 언약을 맺어야 합니다. 또 다루는 문제의 성질이 "수치스러운 것"이라고 생각된다면 보호막을 사용할 수 있습니다. 이 보호막은 목회자나 전문가로부터 추천받을 수 있는데, 대략 세 가지의 방법이 있습니다.

첫째는 외부의 전문가를 초빙하여 특별한 시작 세미나를 여는 방법입니다. 둘째는 같은 문제로 인해 회복될 필요가 있는 친구들을 더 많이 초청해서 함께 참석하는 방법입니다. 마지막으로 직접 관련이 있는 사람이 그 안에 있다면, 그 사람으로 하여금 "아무 말없이" 앉아있어도 괜찮다는 것을 미리 인식시켜 주는 것도 좋은 방법일 수 있습니다.

그러나 무엇 보다 확실한 경계선을 가지고, 토의 중에 그 선을 넘지 않는 것이 중요합니다. 그런데 이것은 그것을 보완할 수 있는 조직을 내부에 가지고 있을 때, 아주 좋은 결과를 낳을 수 있습니다.

저자소개

이상화 목사 (한국소그룹목회연구원/소그룹하우스 총무)

교회의 연합과 새로움 그리고 사회를 향한 온전한 섬김을 위해 설립된 한국기독교목회자협의회(한목협)와 (사)교회갱신협의회 사무총장으로 교회갱신과 교회연합, 그리고 사회를 향한 교회의 온전한 섬김운동의 현장에서 20년을 넘게 섬겼다.

2012년 5월부터 매주 토요일 방송되는(지역방송국은 다름) FEBC극동방송의 시사프로그램인 「교계전망대」를 진행하면서 한국기독교 각 영역의 전문가들과 함께 한국교회가 나아가야할 바람직한 방향성과 대안을 함께 모색해 오고 있다. 총신대학교(B.A., M.Div., Th.M., Ph.D.cand)에서 공부했고, 웨스트민스터신학대학원대학교(Ph.D., 조직신학 전공)에서 공부했으며, 캐나다 토론토대학교에서 Visiting Scholar로 연구활동을 했다. 안양대학교와 웨스트민스터신학대학원대학교 소그룹 사역과정에서 교수로 섬겼고, 〈월간 크리스채너티투데이 한국판〉 초대 편집인을 역임하기도 했다.

2010년 도심 속 남산에서 청년들을 중심으로한 드림의교회를 개척하여 7년여간 섬겼고, '건강한 소그룹과 건강한 교회'를 모토로 역동적인 소그룹 목회를 돕기 위해 자료개발과 리더훈련, 그리고 소그룹성경공부교재를 발간하는 한국소그룹목회연구원의 대표로 섬기고 있다.

지금은 아름다운 사역의 전승이 있는 마포구 서교동 서현교회 담임목사로 섬기고 있다. 저서로는 「건강한 소그룹사역 어떻게 할 것인가」「교회 성숙 분석 리포트」「아는 만큼 깊어지는 기도」「대표기도, 이렇게 준비하라」「2028 한국교회 출구전략」등 다수가 있으며, 이 외에 열린 질문으로 구성된 다수의 「소그룹 성경공부 교재 시리즈」(한국소그룹목회연구원) 등이 있다.

성경공부시리즈 교과과정 안내

부르심시리즈

101 부르심시리즈의 기본 목적은 그룹을 세우는 것입니다. 101 교재는 세 가지 유형에 맞추어 준비되고 있습니다.

첫째 유형은 초신자용으로서 교회에 나오기 시작한 지 얼마 되지 않았고, 소그룹으로 공부해 본 적이 없는 사람과 새신자들을 위한 교재이며 제목은 **"믿음의 기초"**입니다.

둘째 유형은 교회에 오래 다녔으나 소그룹 성경공부의 경험이 별로 없는 사람들을 위해 만들어진교재이며, 출간된 제목은 **"새로운 시작"**입니다.

셋째 유형은 교회에도 오래 다녔고, 소그룹 성경공부 과정도 1회 이상 이수한 사람들을 위한 교재입니다. 제목은 **"새로운 도전"**입니다.

성숙시리즈

201의 성숙시리즈는 기독교의 기본진리, 그리스도인들이 갖추어야 할 성품, 경건훈련, 사회생활, 치유, 인물탐구, 제자도, 결혼, 남성상, 여성상, 인간관계 등과 같이 성숙한 그리스도인이 되기 위해 필요한 모든 주제들을 다루게 됩니다.

심화시리즈

301의 심화시리즈는 보다 깊이 있는 성경연구를 할 수 있도록 제작됩니다. 201이 주제별로 다루어진다면 301은 성경의 권별로 접근하게 됩니다. 그래서 성경의 기록 목적과 주제와 깊은 신학적인 내용까지도 배울 수 있도록 구성될 것입니다.

보내심시리즈

401의 보내심시리즈는 새로운 그룹을 탄생시키기 위해 갖추어야 할 기본지식과 기술들을 가르쳐 주며 사도행전을 중심으로 새로운 그룹을 탄생시키는 것에 대한 성경적인 동기와 섬김과 봉사에 대한 헌신의 동기를 부여받게 될 것입니다. 이외에도 '성경공부가 무엇인지', '성경공부를 어떻게 진행해야 하는지', '그룹을 어떻게 관리해야 하는지'에 대한 구체적인 지침을 제공하고, 자신의 은사를 발견하게 해줌으로써 새롭게 리더가 되기를 원하는 사람들에게 도움을 줄 것입니다. 그리고 주님의 교회와 하나님 나라를 향한 헌신을 결단할 수 있도록 도움을 드릴 것입니다.

소그룹하우스 성경공부 출간 예정교재 목록

101 부르심시리즈

책 제 목	
새로운 시작	완간
믿음의 기초	완간
새로운 도전	완간

201 성숙시리즈

책 제 목	
그리스도인의 성품	완간
그리스도인의 인간관계	완간
훈련받는 그리스도인	근간
그리스도인의 사회생활	온라인판 출간
그리스도인의 가정생활	온라인판 출간
성경	온라인판 출간
그리스도인의 은사	온라인판 출간
남성상	근간
남성들의 문제	근간
성경의 위대한 남성들	근간
여성상	근간
여성의 문제들	근간
성경의 위대한 여성들	근간
결혼	온라인판 출간
그리스도인의 부모역할	온라인판 출간
돈(재물관)	온라인판 출간
스트레스	온라인판 출간
결혼 그 이후	근간
그리스도인의 자존감	근간
상처치유	근간
봉사생활	온라인판 출간
아름다운 노후생활	근간
교회와 예배	온라인판 출간
예수그리스도	온라인판 출간
교제로의 초대	근간
고난의 극복	온라인판 출간
기도는 어떻게 하는가	온라인판 출간
영적인 전쟁을 선포하라	근간
꿈	근간
영성과 직업	온라인판 출간
그리스도인이 된다는 것	완간
그리스도인의 정체성	완간

이하 계속 주제 선정 중

301 심화시리즈

책 제 목	
창세기	근간
출애굽기	근간
여호수아	온라인판 출간
사무엘 상	근간
사무엘 하	근간
느헤미아	근간
룻기	근간
다니엘	근간
호세아	근간
마태복음	근간
마가복음	온라인판 출간
요한복음	근간
사도행전	근간
로마서	근간
고린도전서	근간
고린도후서	근간
갈라디아서	근간
디모데전서	근간
디모데후서	근간
에베소서	근간
빌립보서	근간
골로새서	근간
데살로니가전서	근간
데살로니가후서	근간
히브리서	근간
야고보서	근간
요한서신	근간
베드로전서	근간
베드로후서	근간
요한계시록	근간

이하 계속 주제 선정 중

401 보내심시리즈

책 제 목	
새로운 소그룹을 탄생시키라	완간
이렇게 인도하라	근간
이렇게 섬기라	근간

▶사정에 따라 출판 순서는 변동될 수 있으며, 각 교회 현장에서 교과과정을 짜기 용이하도록 순서가 바뀌어 출간될 수 있습니다.

소그룹하우스 출간 성경공부 교재

■ **101 부르심 / 제1권 새로운 시작**

제1과 성령을 따르는 삶으로 부르심
제2과 제자로 부르심
제3과 남을 돌볼줄 아는 자로 부르심
제4과 화목하게하는 자로 부르심

■ **101 부르심 / 제2권 믿음의 기초**

제1과 겉과 속
제2과 알지 못하는 신에게 고함
제3과 돌아온 아들
제4과 보다 더 소중한 것

■ **201 성숙 / 그리스도인의 성품**

제1과 심령이 가난함
제2과 애통함, 온유함, 의에 주림
제3과 긍휼히 여김
제4과 마음이 청결함
제5과 화평케함
제6과 의를 위해 핍박받음
제7과 겸손
제8과 사랑

■ **201 성숙 / 그리스도인의 인간관계**

제1과 먼저 나를 알아볼까요
제2과 나의 역할
제3과 하나님의 요구수준
제4과 부담스러운 만남
제5과 선하게 대함
제6과 주도권 잡기
제7과 견해차이
제8과 탁월한 화해자

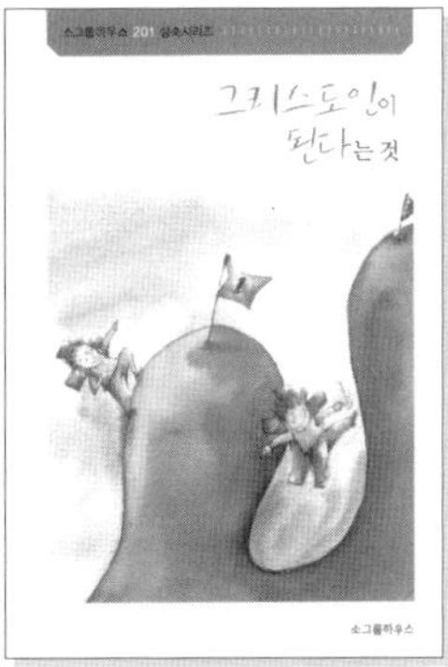

■ **201 성숙 / 그리스도인이 된다는 것**

제1과 출발하기
제2과 전환점
제3과 성장의 고통
제4과 투쟁
제5과 사랑하기
제6과 버티기
제7과 다음 단계

'전인적 성장을 위한 온라인 소그룹 성경공부 교재' 를 소개합니다.

'건강한 소그룹, 건강한 교회!' 의 기치아래 1994년 이후 꾸준히 소그룹 성경공부교재와 소그룹사역관련 자료를 연구개발 해 온 한국소그룹목회연구원에서는 출범 이후 현재까지 교회에서 매주 효과적으로 사용하실 수 있는 '소그룹성경공부교재'(단행본)과 **'온라인 소그룹 성경공부 교재'** 를 집필 개발하고 있습니다.

본 연구원의 교재와 인도자 훈련자료는 **웨스트민스터신학대학원대학교의 소그룹목회학위과정(Th.M., M.A.)의 학생들과 긴 시간 연구와 임상을 통해서 나온 결정체**입니다. 성경공부교재 역시 말씀연구와 공동체 내의 풍성한 교제, 주님의 교회와 하나님 나라를 향한 사역인 전도와 섬김, 소그룹의 세 가지 본질적인 요소를 효과적으로 돕는 **임상을 거친 실용적이고 차별화된 성경공부교재**입니다. 따라서 기존 성경공부교재와는 달리 **'Storytelling'** 식으로 구성원들의 생각과 삶을 자연스럽게 나누고 적용함으로써 친밀한 교제와 신앙의 성숙을 이루는데 탁월한 적용성을 지닌 교제로 자리매김하고 있습니다. **(*2019년 7월 현재, 소그룹교재의 중요성을 인식한 국내교회와 해외한인교회 및 선교지에서 계속 함께 사용하고 있습니다.)**

■ 소그룹 나눔지 구성 및 특징 ■

1. **아이스브레이크**(마음열기)
2. **찬양 나눔**(찬송가 & 복음성가 각 1곡)
3. **말씀 나눔**(본문 및 기본 3~4가지 질문)
   - 도입 및 관찰 질문 → 묵상 및 해석 질문①,②,③ → 적용 질문
   - 각 질문은 모든 구성원들이 말씀에 근거하여 자신의 이야기를 나눌 수 있도록 작성된 열린 질문으로 구성되어 있습니다.
   - 풍성한 삶의 나눔과 적용, 구체적인 일상의 기도제목을 나눌수 있도록 되어있는 마무리가 구성되어 있습니다.
4. **보살핌**
   - 풍성한 삶의 나눔과 적용, 구체적인 일상의 기도제목, 소그룹과 영적 공동체의 기도제목을 뜨겁게 나눌 수 있도록 보살핌 지침으로 마무리 되어있습니다.

자세한 사용안내를 받고 싶으시면 본 연구원으로 연락해주시기 바랍니다.

한국소그룹목회연구원 Korea Smallgroup Ministry Institute 대표 : 이상화 목사
☎ 070-7578-2957 팩스: 02-722-5229
전자우편: webmaster@smallgroup.co.kr / 홈페이지: www.smallgroup.co.kr

2019년 7월 현재 소그룹 교재 전체구성 일람표

(각 영역별로 계속 교재가 집필되고 있습니다.)

전인적 그리스도인
〈균형잡힌 그리스도인〉

영적 영역 (총 7주제 98과)

1. 선교 (8과) / 2. 예배 (4과)
4. 영적 생활 (52과)
5. 교회 생활 (9과)
6. 송구영신 (7과)
7. 전도 (18과)

사회적 영역 (총 4주제 34과)

1. 세상속의 그리스도인 (12과)
2. 그리스도인의 재물관 (4과)
3. 그리스도인의 사회참여 (13과)
4. 나라와 민족 (5과)

지성적 영역 (총 6주제 41과)

1. 복음 (12과)
2. 리더십 (4과)
3. 구원의 확신 (4과)
4. 믿음의 선진들 (4과)
5. 예수님과 나 (4과)
6. 그리스도의 생애 (13과)

인격적 영역 (총 7주제 78과)

1. 그리스도인의 성품 (5과)
2. 일상신앙의 회복 (26과)
3. 일상속의 신앙생활 (9과)
4. 교회 공동체 (20과)
5. 그리스도인의 삶 (8과)
6. 가정 생활 (5과)
7. 소그룹 (5과)

본문중심형 교재 (총 4주제 71과)

1. 여호수아(26과)
2. 마가복음(28과)
3. 산상수훈(9과)
4. 주기도문(8과)

절기중심 교재 (총 3주제 38과)

1. 송구영신(12과)
2. 고난 부활절기(13과)
3. 종교개혁(13과)

소그룹 교재 샘플

〈월별 인도자모임 Tip 샘플〉

"건강한 교회 건강한 소그룹"
행복한 소그룹 리더를 위한 지침서

"소그룹은 함께 가는 것이 특징입니다"

영적 성장에 대한 갈망을 마음에 품고 모인 소그룹 안에서는 놀라운 변화들을 목격할 수 있습니다. 이제 겨우 신앙을 갖게 된 사람도 소그룹 안에서 성장을 거듭하여 다른 영혼을 섬길 수 있는 사람으로 성숙해져 가고, 이미 성숙한 사람은 소그룹 안에서 '철이 철을 날카롭게 하듯' 성숙의 속도에 있어서 더욱 가속도가 붙습니다. 여기에 더하여 건강한 소그룹의 환경 속에서는 개인의 성장만이 아닌 다른 이들의 성장을 돕고 또 스스로 도움을 받는 구성원들의 모습을 쉽게 찾아 볼 수 있습니다. 그래서 건강한 소그룹을 유지하면서 소그룹 구성원들이 '함께' 성장하고 열매 맺는 기쁨을 맛보기 위해서 중요하게 생각해야할 몇 가지 요소가 있습니다. 우리는 과연 목표를 세우고 이를 이루기 위한 단계적인 목표를 세울 때 이 목표를 어떻게 함께 세우며 나아갈 수 있을까요?

1. '함께' 라는 인식을 거두지 마십시오.

소그룹은 한 사람이 독주하는 구조가 근본적으로 아닙니다. 그러므로 한 사람이 말이 많으면 엄밀한 의미에서 그것은 소그룹이라고 말할 수 없습니다. 특히 열린 질문을 가지고 나눔을 위한 소그룹 모임을 지향할 때 인도자가 지나치게 말이 많은 것은 아닌지, 구성원 가운데 한 분이 나눔을 하는 과정에서 자신의 이야기를 하는데 시간을 지나치게 소비하는 것은 아닌지를 리더는 늘 주의 깊게 살펴야 합니다. 소그룹은 말 그대로 원만한 의사소통을 위해 '함께' 모인 현장이기 때문에 모든 구성원들이 "함께 기여하고, 함께 배려 받는 현장"이어야 합니다. 그럴 때 아무도 소외됨이 없이 함께 아름다운 열매를 맺을 수 있습니다.

2. '함께' 변화하고 싶은 실현가능한 목표를 세우십시오.

말씀을 기준으로 인도자나 한 구성원에게 치우치지 않고 균형 있는 나눔이 이루어지는 소그룹이 더욱 역동성을 띠기 위해서는 매주 모임을 가지는 과정을 통해서 함께 도달할 수 있는 구체적인 목표가 있어야 합니다. 그 누구도 맹목적인 모임을 좋아할 리는 없습니다. 그러므로 소그룹 멤버들 각자에게 "우리가 왜 모였는지" "모여서 무엇을 하려고 하는지" "모임을 통해서 어떤 변화가 있으면 좋은지"를 물어보고 실현가능한 최대공약수를 찾아내는 것이 필요합니다. 임상을 통해서 볼 때 목표가 분명한 공동체에 사람들은 오고 싶어 합니다.

3. 함께 걸어가십시오.

분명한 목표를 세우고, 그 목표달성을 위해 매주 서로를 배려하는 모임을 가지며 주중에도 리더와 구성원들이 서로 영적인 격려와 돌봄을 지속적으로 하면 그 소그룹에는 성숙의 기쁨이 분명하게 나타납니다. 그런데 여기서 한 가지 중요한 것은 서로 끌어주고 밀어주는 모습들 가운데 보다 깊이있는 기도제목 나눔과 영적인 격려를 위해서 비밀유지에 기초를 둔 리더 보고서 작성을 통해서 교역자들이 '함께' 목회적인 돌봄과 기도를 할 수 있도록 교역자들과의 소통은 필수적입니다. 믿음의 가족들이 서로 격려하고 배려며 함께 걸어갈 때 우리 자신도 믿기 어려운 영적인 성장을 거듭하게 될 것입니다.

분명 목표를 향해 뛰어가는 동안 어려운 시간도 있을 것입니다. 하지만 서로가 있기에 영적인 성장을 향한 여정을 두려움 없이 시작하고, 좌절하여도 일으켜 주는 형제자매가 있기에 끝까지 완주하는 멋진 소그룹이 되길 기도합니다

월별 인도자모임 광고

1. **소그룹리더 산상 기도회 안내 :** 소그룹 리더들과 함께 소그룹 사역과 자신과 맡겨질 영혼들을 위해 기도하는 시간을 갖고자 합니다. 정확한 날짜는 추후 재공지하도록 하겠습니다.

2. **소그룹리더보고서 제출 안내 :** 매주 조원들의 근황과 기도제목들을 리더보고서에 작성해 제출해 주시기 바랍니다. (온라인 보고나 서면 보고 중 택일하시면 됩니다.)

※ 교회 별로 소그룹 리더 공지사항 등을 작성하시면 됩니다.

〈소그룹 교재 서언 샘플〉

■ 교회 생활

교회 내 신앙생활 가이드(1)

오랫동안 신앙생활을 하기는 했지만, 바른 신앙의 자세가 무엇인지, 교회내에서 어떤 모습으로 신앙생활을 해야 할지 알지 못해 고민하는 성도들을우리 주변에서 어렵지 않게 만날 수가 있습니다. 아니 멀리 갈 것도 없이 바로 내 모습일 수도 있습니다. 그래서 두 달 동안 **'교회 내 신앙생활 가이드(1,2)'** 를 통해서 교회 내 신앙 생활의 가장 기본이 되는 몇 가지 영역들을 다루려고 합니다.

1과 "바른 예배를 드리고 있습니까" 하나님께서는 이 땅의 교회들을 통해 영광 받으시기를 원하십니다. 그리고 교회가 하나님께 영광 돌리는 가장 중요한 일이 바로 예배입니다. 그렇기 때문에 교회의 구성원인 성도의 신앙생활에 가장 중요한 것 역시 예배라고 할 수 있습니다. 본 과의 목표는 예배의 중요성을 다시 인식하고 바른 예배 생활을 하게 하는 것니다.

2과 "성도의 특권, 기도" 기도생활에 대해 이야기하면 많은 사람들이 식상해 합니다. 반복적으로 많이 들었기 때문입니다. 그러나 많이 들었다고 기도를 잘하는 것은 아닙니다. 우리 중에 기도의 중요성에 대해 알기는 하지만, 정작 실천하지 않는 경우가 많습니다. 성도의 특권인 기도의 중요성에 대해 다시 한번 살펴보고 잃어버렸던 기도의 골방을 되찾는 것이 본 과의 목표입니다.

3과 "금보다 사모하는 말씀" 우리의 신앙이 메마르고 결핍되지 않기 위해서는 끊임없는 갱신이 절실하게 요구됩니다. 이를 위해서 우리가 항상 힘쓰지 않으면 안 되는 것이 바로 말씀의 생활화입니다. 그리스도인은 말씀을 듣고, 말씀을 읽고, 말씀의 가르침을 따라 살아가는 사람들입니다. 말씀의 능력을 깨닫고 말씀을 더욱 사모하게 하도록 도전을 주는 것이 본 과의 목표입니다.

4과 "감옥에서 부르는 찬양" 예수를 믿는 모든 사람들은 찬송하며 삽니다.
성경에서 찬양하라는 명령은 수를 셀 수도 없을 만큼 많이 기록되어 있습니다. 왜 찬양해야 하는지, 언제 찬양해야 하는지, 찬양할 때 어떤 역사가 일어나는지 말씀을 통해 살펴보고 하나님이 받으실만한 진정한 찬양을 올려드리기를 결단하는 것이 본 과의 목표입니다.

5과 "성령 안에서 나누는 성도의 교제" 인간은 혼자서 살 수 없는 존재입니다. 우리 모두에게는 마음을 나누고 대화를 나눌 친구가 필요합니다. 다른말로 하면 인간은 교제가 필요한 존재라는 것입니다. 본 과에서는 성도의 삶에 교제가 필요한 이유와 어떻게 그 교제를 누릴 수 있는지에 대해 살펴보도록 하겠습니다.

삶의 매 순간마다 하나님께서 주시는 영육의 강건함 있기를 소원합니다.

건강한 소그룹, 건강한 교회
한국소그룹목회연구원
smallgroup.co.kr

대표 이 상 화 목사

〈소그룹 교재 나눔지샘플〉

■ 교회 내 신앙생활 가이드(1)

바른 예배를 드리고 있습니까

⊙ 마음열기 [십자가를 볼 때…]

십자가에 대해 묵상할 때 마다 내적으로 느끼는 것이 있다면 무엇인지 함께 나누어 보십시오.

□ 겸손 □ 안도감 □ 의심 □ 감사 □ 소망 □ 회의
□ 분노 □ 영적인 감동 □ 아무 느낌도 없다. □ 기타

♬ 함께 찬양

우리에게 향하신
새찬송가 95장(통82장) 나의 기쁨 나의 소망되시며

⊙ 말씀 나눔 [마태복음 4:8~11]

1. 예수님은 광야에서 사탄으로부터 만일 자신에게 엎드려 경배하면 천하만국의 영광을 주리라는 시험을 받으실 때 "주 너희 하나님께 경배하고 그만 섬기라"고 대답하십니다. 이 때 사용된 '경배하다'와 '섬기다'는 단어는 예배의 의미를 담고 있습니다. 즉 예배란 사도신경으로 시작해서 주기도문이나 축도로 끝나는 형식이 아니라 "하나님을 향해 엎드려 최고의 가치로 존귀와 영광을 올려드리는 것"입니다. 이런 예배의 정의에 비추어 볼 때 자신의 예배는 어떠한지 함께 나누어 보십시오.

□ '하나님께 영광'이라는 예배의 의미를 생각해보지 않고 습관적으로 드리는 경우가 많았다.
□ 예배를 '드리는 것'이라기보다는 '은혜 받는 것'으로 이해했었던 것 같다.
□ 예배의 모든 순서에 마음을 담아 올려드리기 위해 노력하고 있다.
□ 바른 예배생활을 위해 예배 자세와 마음가짐을 다시 바로 잡아야겠다.
□ 기타

2. 하나님께서 받으실만한 예배가 되기 위해서는 예배자인 우리가 예수 그리스도의 십자가의 공로만 의지하고 하나님께 나아갈 때 가능하다는 사실을 깨달아야 합니다. '예배드릴 때마다 예수 그리스도의 십자가의 은총과 구속의 은혜를 묵상하며 감사와 경배로 하나님께 나아가야 한다'는 말이 어떻게 느껴지는지 함께 나누어 보십시오.

□ 요즘은 십자가의 은혜에 대한 감격이 사라져 버린 것 같다.
□ 사실 내가 구원의 은혜를 받았는지 잘 모르겠다.
□ 구속의 은혜에 감사하며 항상 기뻐하고 있다.
□ 구원의 확신을 달라고 기도하고 있다.
□ 기타

3. 바른 예배를 드리기 위해서는 예배를 드리러오기 전부터 준비해야 할 것들(마음가짐, 성경찬송, 헌금, 복장 등)이 있습니다. 그리고 예배 중에는 전심을 다해 집중하는 자세가 필요합니다. 또한 예배 이후 삶의 자리에서도 예배자로 살아가는 것이 필요합니다. 이것을 당신의 삶에 실질적으로 적용해서 함께 나누어 보십시오.

바른 예배를 위해서	내가 실천해야 할 것
예배 전 준비해야 할 것	
예배 중 집중력을 다하는 것	
예배 후 드리는 삶의 예배	

⊙ 보살핌

하나님께 바른 예배를 드리기 위해서는 먼저 예배가 무엇인지 정확하게 아는 것이 필요합니다. 예배는 우리에게 구원의 은혜를 베푸신 하나님께 최고의 가치로 경배를 드리는 행위입니다. 우리의 예배가 바른 예배가 될 수 있도록 3번에서 결단한 것들을 놓고 서로를 위해 기도하고, 교회의 모든 예배가 '최고이신 하나님께 최고의 가치를 올려드리는 예배'가 되도록 기도하고 마무리 하십시오.

 # 한 주간의 기도제목

교 회	
소그룹 공동체	
개인기도	

ㅣ인.도.자.용ㅣ

1과 바른 예배를 드리고 있습니까

■ 학 습 목 표 ■

하나님께서는 이 땅의 교회들을 통해 영광 받으시기를 원하십니다. 그리고 교회가 하나님께 영광 돌리는 가장 중요한 일이 바로 예배입니다. 그렇기 때문에 교회의 구성원인 성도의 신앙생활에 가장 중요한 것 역시예배라고 할 수 있습니다. 본 과의 목표는 예배의 중요성을 다시 인식하고 바른 예배 생활을 하게 하는 것입니다.

⊙ 말씀 나눔을 위한 도입

우리의 신앙생활 가운데 어느 것이 가장 중요할까요? 보통 우리는 예배, 교육, 전도, 기도, 교제, 봉사 등 교회 중심의 여러 가지를 합니다. 다 중요합니다. 어느 한 가지도 소홀히 해서는 안됩니다. 그런데 그 중에 굳이 가장 중요한 것을 꼽는다면 예배라고 할 수 있습니다.

그렇기 때문에 우리가 신앙생활 할 때에 예배를 희생하면서 해야 할 것은 아무 것도 없습니다.

혹시 교회 봉사하는 일에 바빠서 예배를 소홀히 하고 있지는 않습니까?
선교회나 전도회 모임 때문에 예배를 가볍게 여기고 있지는 않습니까?

바른 예배 생활을 하기 위해서 예배가 무엇인지, 또 어떻게 드려야 하는지 함께 말씀을 통해 살펴보도록 하겠습니다.

■ 소그룹 마침기도 ■

"우리를 예배자로 불러주신 하나님"

죄인되어서 하나님 앞에 나올 수 없는 우리를 예수 그리스도의 십자가의 공로로 말미암아 자녀삼아 주시고 예배자로 불러주신 은혜에감사를 드립니다.

우리에게 베풀어주신 구속의 은혜를 묵상할 때, 예수 그리스도의 십자가의 사랑과 희생을 생각할 때에 하나님께 우리의 가장 귀한 것, 모든 것을 내어드려도 아깝지 않음을 고백합니다.

주님, 이 고백이 입술의 고백으로 그치지 않기를 소원합니다. 하나님앞에 나와 예배드릴 때 우리의 몸과 마음을 가다듬어 최고의 것을 최선으로 드리게 하옵소서.

우리 삶의 전부되신 주님께 내 모든 것 내어드리기 소원하오니 기뻐받아 주옵소서.

예수님의 이름으로 기도드립니다. 아멘.

● 상기한 내용을 참고 하셔서 더욱 깊이 기도하시면 더 큰 은혜가 있을 것입니다.

● 참고구절

"그러므로 형제들아 내가 하나님의 모든 자비하심으로 너희를 권하노니 너희몸을 하나님이 기뻐하시는 거룩한 산 제사로 드리라 이는 너희가 드릴영적 예배니라"

(로마서 12:1)

'온라인 소그룹 성경공부 나눔지' 사용 및 신청안내

'한국소그룹목회연구원' 으로 연락주시면 친절하게 상담 후 신청서를 메일로 송부해 드리겠습니다.

☎ 070-7578-2957 팩스: 02-722-5229
주소: 서울시 마포구 잔다리로7길 31 교육관 5층 503호
전자우편: webmaster@smallgroup.co.kr
홈페이지: www.smallgroup.co.kr

한국소그룹목회연구원
Korea Smallgroup Ministry Institute

NEW 아이스브레이크 모음집

역동적이고 활기 넘치는 소그룹 성경공부는 '마음열기'와 '본문연구', '보살핌'이라는 세 가지의 큰 축으로 구성할 수 있다. 'NEW 아이스브레이크 모음집'에서는 효과적인 '마음열기'와 '보살핌'을 생명주기에 맞추어 적절히 사용될 수 있도록 필요한 원리와 기법들을 소개하고 있다.

반복적인 임상을 거쳐 정리된 250여 가지가 넘는 마음열기와 보살핌을 소그룹의 특성과 성경공부의 주제에 맞춰서 선택하여 사용할 수 있도록 되어 있다. 또한 소그룹의 상황에 맞추어 주제를 쉽게 선택할 수 있도록 아이콘 별로 분류하여 인도자의 편의를 더하였다.

순장, 구역장, 셀 리더 등 모든 종류의 소그룹 인도자들이 꼭 가지고 있어 참고해야하는 필독서이다.